被災地のジャーナリズム

東日本大震災10年　「寄り添う」の意味を求めて

寺島英弥

明石書店

まえがき

2011年3月11日午後2時46分。それまで経験したことのない激しく長い揺れに、原稿を書いていた河北新報社（仙台市）5階の机にしがみついた。周りで悲鳴が上がり、机や椅子が生き物のように動き出し、あらゆるものが床に散乱した。建物が崩れ落ちるかもしれないと感じた。ようやく揺れが収まった時、外界で何が起きているのかなど想像もつかなかった。

やがて東北の太平洋岸の町々を巨大津波が襲い、1万8千を超える人々が犠牲に。東日本大震災と命名された未曽有の大災害と、福島県浜通り地方に二重の犠牲を強いた東京電力福島第一原発事故の被災地を、それから取材者として歩くことになった。

この激しい痛みは何なのだろう――。それが、被災地に立つたびに襲ってきた感情だった。河北新報の若い記者たちとワゴン車に同乗し、休みなく巡った宮城県石巻、岩手県大船渡、陸前高田。そして震災発生から2週間後、取材でようやく来ることができた郷里の福島県相馬。行く先々で出合ったのは、自分の「古里」を成していたものが根こそぎ失われた風景だった。

「生まれた土地は人格の一部であるということ。それが否定されたり、消滅したりすると、人は生きるための柱を折られるのです」

これは、拙著『福島第1原発事故7年　避難指示解除後を生きる』（明石書店、2018年）の中で対談した、石巻出身の津田喜章さん（NHK仙台放送局「被災地からの声」キャスター）が東北各地の被災者の取材経験から「根底にある真理」と語った忘れ難い言葉だ。私の「痛み」もそれだったのであり、同じ対談で津田さんにこう話した。

「高校生のころは狭い田舎を出たかった者ですが、同じ浜通りが被災地となった福島第1原発事故から、初めて『同胞』に目覚めました。相馬野馬追《のまおい》の祭りや同じ方言、歴史を共有する人たちの苦難を前に、自分には何ができるのか、自分は何者なのか、という問いを突きつけられました」

問いへの自分なりの答えが、本書1章の冒頭に記した「Keep journal」。被災地で出会った当事者たちの言葉を書き続ける、記録し続ける――ことだった。当時、河北新報編集委員としての震災報道のほかに、ブログ「余震の中で新聞を作る」を書き始めた。取材ノートをいっぱいに埋めた当事者の言葉と、五感に刻まれた記憶を一片も削ることなく発信し、被災地の人々の闘いや痛み、抱える問題を伝えながら、古里と生業、家族や仲間との暮らしの再生を手助けしてくれる人々につなぎたい。そんな役目を自分に見出した。

その模索は、被災地の外から縁をいただいた『Journalism』（朝日新聞社）、「Foresight」（新潮社）などへの数えきれぬ記事にもなり、被災地の終わりない苦闘を追った『東日本大震災　希望の種をまく人びと』『海よ里よ、いつの日に還る』『風評の厚き壁を前に』『何も終わらない福島の5年』（明石書店）など6冊の本になった。

『被災地のジャーナリズム』は、そうした10年間の被災地の変容と内側からの視点を伝えてきた論考や、２０２０年の「いま」を伝えるルポルタージュをまとめ、当事者の声からすべてが始まる――という私自身の学びとさせてもらった被災地取材の経験をつづった。

「誰がジャーナリストか、という設問は間違いだ。ジャーナリズムは誰がそれをやるか、どのメディアや企業がそれを伝えるかで定義されるものではない。

ジャーナリズムというものがあるのではない。それは行為だ。情報を伝えるという行為がジャーナリズムなのだ。それは名詞ではなく、動詞だ」

これは、元朝日新聞記者の桜美林大教授・ジャーナリスト、平和博さんが紹介したニューヨーク市立大学教授ジェフ・ジャービス氏の言葉。私も共感する。取材し伝え、記録する者の方法論とは、あらかじめ書かれた教科書として存在するものではなく、それは人の生き方なのだと考える。それぞれの人が居合わせた場所に、それぞれに出合うしかなかった体験があり、「自分が伝えなくては、この人の声は誰にも聴かれることなく消えてしまう、永遠になかったことになる」という切実な使命が生まれ、新しいジャーナリストが誕生する。私自身がそうであったように。

未曽有の災害は、東日本大震災の以前にも阪神淡路大震災があり、上越地震があり、以後には熊本地震や西日本豪雨などが続き、新たな被災地が毎年のように現れる。その風化をこの列島は許さないかのようだ。当事者たちと同じ時間を共に生き、その声の発信を助けて外の人につなぎ、歳月を超えて伝え続ける者が、あらゆる被災地にいてほしい。忘却される被災地が一つもないように。その願いを、東北の地の取材者から届けたい。

この本を世に出してくださった明石書店の遠藤隆郎さん、いつも励ましをいただいた朝日新聞社教育コーディネーターの岡田力さん、「Foresight」前編集長の内木場重人さんに心より感謝を申し上げる。
なお、本書に登場する人の年齢・肩書は取材当時のままとした。

2021年1月

寺島 英弥

被災地のジャーナリズム　目次

まえがき　3

第1章　被災地の風景の中で――他者の壁を越えてつながる……11

第2章　被災地10年の変容を追って　2013. 8.-2020. 3.……31
1　アベノミクスの狂乱の影で、置き去りにされる東北の被災地　33
2　どう乗り越えるか、風化と風評　マスコミ倫理懇談会全国大会で見えてきた課題　47
3　現実の遠い彼方にある幻夢　東北の被災地からみた〝復興五輪〟　58
4　「復興加速」と真逆の風景広がる　被災地に遅発性PTSD多発の懸念も　72
5　「町おこし」でなく「町残し」　避難解除とは何だったか　76
6　トリチウム水に懸念深まる福島　解決の責任を国は果たすべきだ　80
7　ホヤ輸出、希望絶たれた被災地　韓国にWTO敗訴、政府は責任を　88
8　10月に2度の記録的豪雨水害　東北の被災地報道に見えた「光と影」　92
9　被災者に寄り添い続けるには　共感保ち「つなぎびと」たれ　96

第3章　震災取材者の視点から　2012. 7.-2020. 9.……101
1　ブログは新聞の発信力を強める
――風評、風化の「見えない壁」の向こうにつながりを求め　103
2　被災地で取材者はどう変わったか？　当事者との間の「壁」を越えるには　113

3 「自殺」から「自死」へ　当事者取材の現場で知る言葉の違いの意味　123
4 被災地で聞かれぬ言葉、当事者の言葉　132
5 沖縄と原発事故に重なる中央の周縁視　現場の声と事実を伝える地元紙の使命　147
6 大川小の「止まった刻《とき》」　8年目の検証、そして判決　156
7 県民を守り感染者も守る　岩手県知事の訴えの意味　160

第4章　ルポルタージュ　被災地のいま　2020. 1-11.……165

1 原発事故10年目の「福島県飯舘村」——篤農家が苦闘する「土の復興」はいま　167
2 丸9年の「3・11」——変貌する古里「飯舘村長泥」のいま　180
3 「新型コロナ禍」で閉ざされた「交流」——福島被災地の「模索」と「きざし」　194
4 「コロナ禍」に「貝毒」——三陸「ホヤ漁師」、先の見えない「深い霧」に苦悩　208
5 幾たびの苦難に屈せぬ南三陸町「震災語り部」ホテル（上）——休まぬ「地域のライフライン」　218
6 幾たびの苦難に屈せぬ南三陸町「震災語り部」ホテル（下）——津波と命を「伝承する」使命　229
7 汚染水「海洋放出」——政府方針で置き去りにされる「福島・相馬」漁師たちの怒り　238

終章に代えて　被災地をめぐる若者との対話——早稲田大政経学部「メディアの世界」受講生への返信……253

『被災地のジャーナリズム』に寄せて　被災者の息づかいを伝える伴走者　岡田 力　278
初出一覧　284

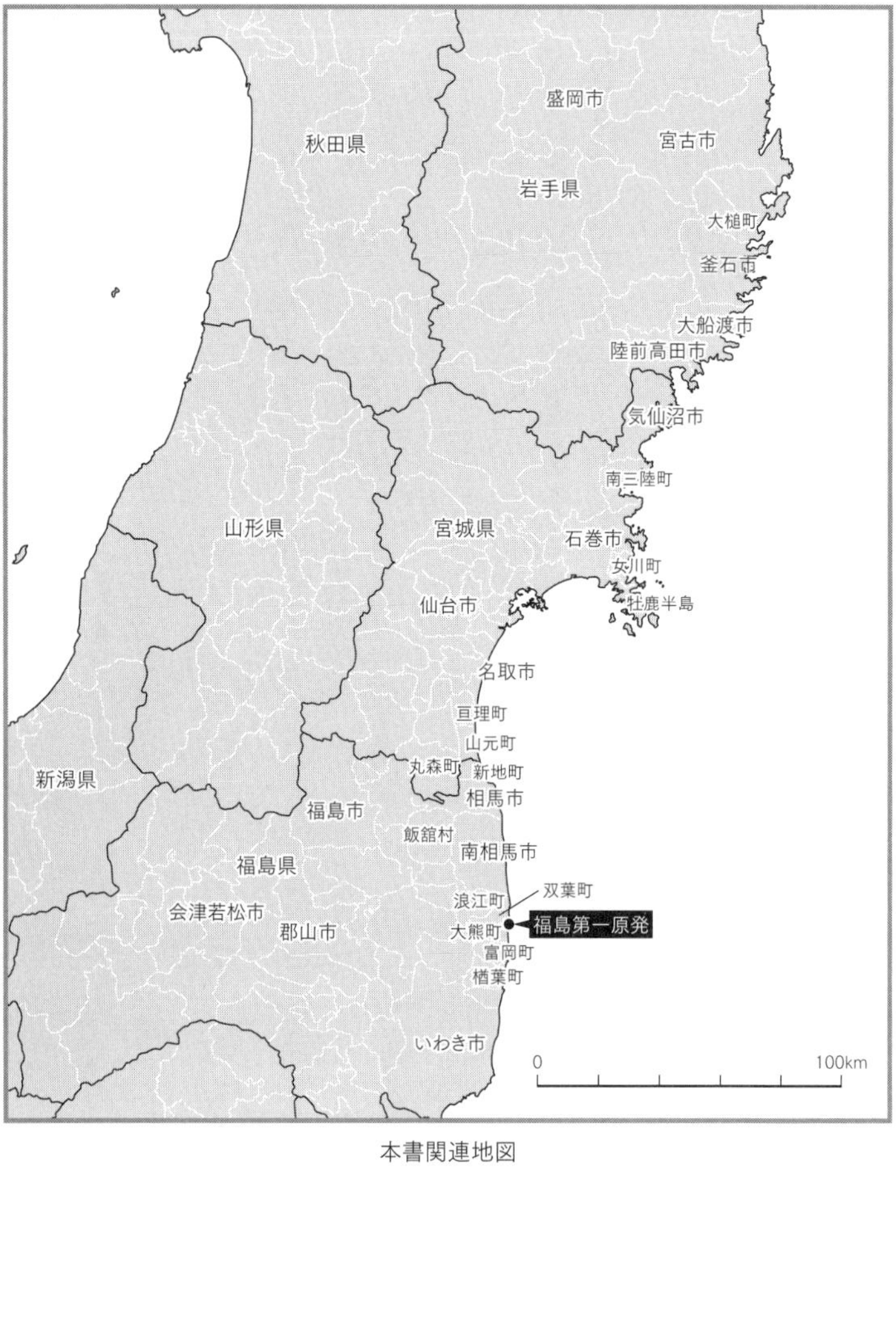
盛岡市
秋田県
宮古市
岩手県
大槌町
釜石市
大船渡市
陸前高田市
気仙沼市
南三陸町
山形県
宮城県
石巻市
女川町
仙台市
牡鹿半島
名取市
亘理町
山元町
丸森町
新地町
新潟県
相馬市
福島市
飯舘村
南相馬市
福島県
双葉町
浪江町
会津若松市
福島第一原発
大熊町
郡山市
富岡町
楢葉町
いわき市
0
100km

本書関連地図

第1章　被災地の風景の中で

——他者の壁を越えてつながる

津波で漁船が打ち上げられた相馬市・松川浦漁港＝2011年3月25日

東日本大震災、福島第一原発事故の発生から間もなく東北の被災地を歩き始めた。耳を傾けたのは、古里の町や生業、日常、大切な人をなくした悲嘆、怒り、失望、無念、希望を求める声。「他者」であることの壁にぶつかりながら通い、ノートは当事者の言葉で埋まっていった。同じころ、未曽有の災害の現場には無数の内外メディアが入り、被災地の惨状や悲劇、美談を報じた。「寄り添う」という言葉もメディアが広めたが、報道から当事者の思いが置き去りにされ、心に傷を残された人もいた。根拠なき「風評」が被災地を孤立させた現実もある。「寄り添う」とは本当は何なのか。

1　取材者であり当事者

「Keep journal!」――毎日を記録し、書き続けなさい。米国で起きた同時多発テロの翌２００２年夏、現役の新聞記者の身分でノースカロライナの大学に留学して間もなく、現地の日常に戸惑い言葉に慣れずに悩んでいた時、励ましを受けた言葉だ。「君はジャーナリストだろう」と自分を思い出させられ、以来、日々の出会いと出来事を書き続けてきた。２０１１年3月11日の東日本大震災の発生から10年になるが、それは筆者にとって被災地への数えきれぬ取材行と出会った人々の顔、そのたび書きとめた言葉、目に焼きついた光景の積み重ねの記憶になる。それらの一つひとつが終わることなく、いまの現実につながっている。

日記のように書いたブログ「余震の中で新聞を作る」（２０１６年8月まで１５８回）は、震災発生4日目の3月14日に始まる。仙台市青葉区五橋《いつつばし》の河北新報社5、６階の編集局はその時、泥だらけの長靴と防寒具姿で取材先の被災地から戻り、次に出発する記者たちが行き交って夜更けまで騒然としていた。想像を絶する津波の被害を伝える写真と原稿が続々と持ち帰られ、被災者の悲嘆の声を見出し1本に込めるにも血を吐くような、戦場さながらの日々が続いていた。2日後の真っ暗な早朝、私も最初の取材地となる石巻に出発した。若い記者たちと乗り込んだワゴン車は、戦場へのヘリコプターのようにも思え、照明の消えた漆黒の道中、行き先の状況も想像できぬ渦中でただ「自分のできることは何だろうか」と自問していた。

その間も、心の片隅に重い石のように抱えていたのは郷里のこと。のどかな人情、豊かな海の幸、夏の野馬追と相馬盆歌。そんな福島県浜通りの街に老いた両親がいる。南にわずか45キロの東京電力福島第一原子力発電所に津波が直撃して電源喪失をきたし、原子炉建屋が水素爆発でめちゃめちゃに吹き飛び……。そんなニュースの映像を目にし、高濃度放射性物質拡散の危険、メルトダウン（炉心溶融）の可能性が伝えられるたび、古里喪失の大破局への不安にさいなまれた。「放射能なんて、この年になると怖くない。お前は仕事を頑張れ」という携帯電話の向こうの言葉にすがり、遠くにいて無力な自分自身に憤りながら。

編集委員席の近くで原稿を書いていた女性記者は、岩手の三陸にある実家との電話がしばらく通じなかった。沿岸の各地からは連日、凄惨な廃墟となった町々のリポートが届き、彼女の古里を襲う巨大な壁のような津波の写真も各紙に載った。どのような心情でいるか、取材に追われ原稿を書く姿を目にするたびに胸が痛んだ。

隣席の同僚は自宅が地震で被災し、宮城の牡鹿《おしか》半島の町で一人暮らしする親の安否も分からず、津波後の道路水没で地元にたどり着くこともできない――という苦悩を抱えながら原稿に向かっていた。同じ福島県浜通り出身の先輩は、原発事故で県外に避難を強いられた実家の人々の状況を「もう難民だ」と語った。東北の新聞社で働く一人ひとりが日常生活と古里、大切な人々を未曽有の震災に巻き込まれ、取材者でありながら震災の当事者になった。

現場では、海の色は変わらないのに一軒の家も人の姿もなくなった浜の風景の連続に、「何をしたらいいのか、分からない」ほどの空白感に打ちのめされた。東北の歴史や文化、まちおこしの取材で一度は歩いた町々だったのに。カメラを構えても、伝えられることは、あまりに巨大な事実のほんの小さな一点に過ぎない。そんな無力を思い知った。自分にできることは、被災地の生き証人となった人々の「あの日、それまで、これから」を聴いて伝えつつ、その声を集《つど》わせること。それが唯一、大震災とは何だったかを知ること、知ってもらうことにつながると考えた。石巻、大船渡、陸前高田から相馬地方へ取材を重ねるごとに、ノートの被災者の言葉、３月11日以前の暮らしと風景、歴史まで漏らさず記録するようになった。取材から帰るたびに深夜、書きつづったのがブログだ。

短い新聞記事のように取材した話を削ることなく、見聞きした「小さな事実」を一片残さず積み重ねて、自分が投げ込まれた「大きな事実」を読み手に追体験してもらえるように。自己編集したルポでもなく、人と出会った経緯、歩く先々で移り変わる視点と景色、立ち会った出来事の流れ、語る人の「Narrative」と表情と行動のありのままを、そこで感じたり発したりした私自身の一人称の言葉を含め、被災地の内側から記録しようと。それ以外に、あの想像を絶する現実を伝えられる方法はないと思え、当事者でもある取材者にこそできると考えた。

震災翌日から、河北新報は紙面を８ページに減らして発行を続け、「素材産業」でもある紙メディアの物理的限界に初めて向き合う毎日でもあった。その中で頭によみがえらせたのは、「オンライン（ネット）は、新聞とともに、『プレス・ヘラルド』を支える双発エンジンの一つになった」「オンラインと新聞をともにはたらかせることで、私たちと読者とのインタラクティビティ（双方向性）を強めることができる」という言葉。８年前の米国留学で調査をした新聞再生の改革運動「シビック（パブリック)・ジャーナリズム」を実践する、ある地方紙編集長のメッセージだった。震災は、その実践を考える契機になった(第3章1「ブログは新聞の発信力を強める」参照)。

2 模索する被災者と希望を探し

「リンゴつぶすしか…/風評　終わり見えず/親子二代の農園揺らぐ」という記事が2011年12月29日、河北新報の社会面に載った。東京電力福島第一原発から北に50キロ余りの福島県新地町の山手のリンゴ園。地面を真っ赤に埋めたリンゴを草刈り機で押しつぶしていく49歳の農家の苦渋の表情と共に。処分量は約20トンに上った。地元や首都圏などに長年開拓してきた得意客から、前年には1500件もの贈答用の注文があったのに。

農家は隣の相馬市にいる私の母親が贔屓にし、苦境を知らされて前月に訪ね、ブログ「余震の中で新聞を作る」(45回「リンゴ畑に吹く風」)で話を紹介していた。風評は猛烈で、京都・五山の大文字送り火で陸前高田の松の薪使用を中止(8月)、福岡市で計画された福島県産農産物加工品の販売所開店中止(9月)、愛知県日進市で福島県川俣町産の花火打ち上げを中止(同)、被災地支援で宮城県などのがれき処理の受け入れ表明をした自治体や地方団体が、放射性物質拡散を恐れる住民の反対で足踏みする——などのニュースが相次いだ。農家はこう語っていた。

「いいことも悪いことも、専門家の意見も過激な声も、(ネットで)何でも読んでみるが、『お前は日本中に毒をばらまいている元凶』とさえいう極論まであった」。傷つき打ちのめされながらも、訴えたかったのはやはり「一番の被災者、被害者である福島の農家が、なぜ悪者にされないといけないのか」という疑問だった。そして、「なぜ、消費者対生産者という対立の図式に追い込まれなくてはいけないのか」「子どもの健康を守りたい、という気持ちは、農家だって同じ。そのため国の基準が設けられ、それをクリアしようとわれわれも努力をしている。ところが、なぜ、いつの間に『福島』や『東北』が、基準になってしまったのか」とも。

農家は、風評のない長野などへの移住も家族と話し合ったが、両親は高齢で無理と考え、リンゴの木そのものを1本1本高圧洗浄して除染する作業を翌年の早春に始めた。出荷を拒まれたリンゴ畑の毎日の写真と当事者の思いを、勇気を振るって発信しながら。そのブログが多くのフォロワーを生み、首都圏から注文してくれる人、激励に訪ねてくる人もおり、農家に再起を決意させた。

「それでも今年よりも来年、もっといいものを作りたいのが農家だ」と彼は語った。風評は収まるどころか、放射能への懸念、国への不信は人の心に深く染み入り、支援の合言葉になった「絆」と逆の「列島分断」さえ東北と首都圏を境に起こった。が、それに心を折らず、小さな希望が農家に生きる限り、被災地の希望も絶えることはない。リンゴ畑の除染をする農家の姿に、私もまた希望を分けてもらった。

震災後、河北新報の社会面連載「ふんばる」とブログで、リンゴ農家の話を紹介した。私も石巻、大船渡などで袖触れ合った被災者から「ごくろうさま、頑張ってね」と同じ言葉を掛けられたのを思い出す。津波を生き延び、身内や家を失った境遇にある人たちからの励ましに胸を詰まらせた。被災地での出会いには、取材する側もされる側も「お互いさま」の思いが通った。

「新聞は、つながりをつくる場。記者は、つながりをつくる職業」「常に人々と語り合い、耳を傾け、そして動きなさい。人々が情報を交わし、感情を吐き出し、深く考える。そんなつながりの持てる場をつくりなさい」「やじ馬的興味で取材することを自らに禁じなさい。市民が記者に望むのは、興味の一べつではない。癒したり、建て直したり、状況を変えたりできる、あなたのコミュニティのそんな一人ひとりの力をたたえなさい」

これも前述の「シビック・ジャーナリズム」運動から学んだ言葉。被災地で出会うのは不特定多数の人々ではなく、同じ郷里の福島、東北に生きる同胞だった。風評とは自分たちの地域の未来にかかわる問題であり、苦しみ模索する被災者と共に希望を探し、解決を手助けすることは、取材者であり当事者となった者の役目になった。

3 安全の物差し喪失

「（2度目の爆発事故が発生した）15日になって、佐野さん宅には（南相馬市）原町の知人たちが峠を越えて避難してきたそうです。幸正さんの同級生の家族や、知人の奥さんの身内ら、計12人。車いすの人もいました。『どうげ』（民宿）に泊めてほしい、と。やがて同月20日の朝刊で『飯舘でも高い放射線量の数値』との記事が報じられ、民宿に避難していた人たちは『飯舘もおっかないから』と、さらに中通りへ移っていったといいます」

２０１１年3月11日の大地震で被害が軽微だった福島県飯舘《いいたて》村のその後だ。民宿を営む農家、佐野幸正さん、ハツノさんの夫婦を、政府から全村避難指示の方針が出された翌日の４月12日、私は初めて訪ね、以後、福島市での避難生活を経て帰村まで取材の縁を重ねた。冒頭の記述はブログ「余震の中で新聞を作る」の27回「までい・らいふの夢」の一節。約30キロ離れた福島第一原発の事故の後、避難者たちを受け入れる側だった飯舘村では、誰も予期しなかった放射線量の急上昇に村民は惑い、恐怖と不安におののいた。

村議でもあった幸正さんは地元住民と役場の連絡に追われ、テレビで首相官邸から原発事故の推移と影響について発表が報じられるたび、役場から招集された。「村の大気や水、土壌を汚染しているという放射性物質を、いったい誰が、どこで測定しているのか」と頭越しの情報に役場中が混乱していた。当時の河北新報の記事（３月30日）は状況をこう伝えた。

生後10カ月の長女らと村で暮らす母親（26）は訴える。家族の事情で村外へ避難できない。「社会的に弱い人ほど情報も手に入らない。取り残されるのでは、という不安がある」

「マスコミは『（放射性物質は）ただちに健康に影響はない』というが、将来はどうなのか。ここに住む人の視点に立った情報が知りたい」

情報を入手するために、震災や原発事故を報じるテレビを見ずにはいられないが、音にストレスを感じるようになり、画像だけを流す。音の出ないテレビの前で、原発事故が早く収まることを祈る毎日だという。

村の生活が一変したのは3月20日、村の水道水から飲用の暫定規制値を超える放射性ヨウ素を検出したという県の発表からだ。村は全住民に水道水の摂取を控えるよう呼びかけ、高濃度の土壌汚染も分かり、「国や県が検査結果の意味や対策をしっかり説明しなければ、風評被害や住民の不安は拡大していくばかりだ」との菅野典雄村長の訴えを記事は伝えた。

集落の仲間が集った佐野さんの家には「村をいますぐに捨ててフランスに避難して」と勧誘する活動家が訪れ、主婦たちを放射能の勉強会に誘いながら「かわいそう」と言わんばかりに泣き出す研究者もいた。いずれも私の目の前であった出来事だ。さまざまな言説に危機感を煽られ、村民はますます混乱した。とどめとなったのは、村に派遣された福島県放射線リスクアドバイザーの専門家たちの講演。「外ではマスクを着用し、外出後は手を洗うなど基本的な事項さえ守れば、医学的に見て村内で生活することに支障はないことなどを講演しました」と3月30日付の「広報いいたて」お知らせ版は伝え、心配する受講者の質問に「医学的には、注意事項を守れば健康に害なく村で生活していけます」という会場での応答を記録している。佐野さん夫婦も講演を聴いており、「国から全村避難の話が出た時には、村はひっくり返ったように混乱した」と語った。

安全と安心の物差しを喪失し、何を信じたらよいか分からなくなり、村民の不信は東京電力のみならず、国、県の対応や「直ちには健康に影響はない」という政府の見解を流し続けたテレビのニュース番組などの報道にも厳しく向けられた。現在にまで至る根深い「風評」の源も、汚染水問題や原発再稼働での政府への不信の根も、この時、被災地の内外に広がった不安や恐怖の原体験にあるのではないか。その時、報道する側の姿勢はどうあるべきか――もまた問われた（第2章2「どう乗り越えるか、風化と風評」参照)。

取材者は、読者や地域の人々から「質問」を付託された存在だ。専門知識があろうとなかろうと、目の前の「当事者の問い」を、メディアという開かれた場を通して「社会の問い」につなぐ仕事だ。記者の役目は常に「問い」のあるところへ行き、聴き、自ら調べ――放射能のような「分からないもの」なら、分からないところから――責任ある者に問い続けるほかない。その「質問」こそが隠された事実を掘り当てる武器であり、見えない「点」の存在であった当事者の声をも大小の権力と対峙させることができる。それゆえメディアは、「答え」を待つ多くの人々に開かれたものでなくてはならなかった。原発事故で、それはできたのか。

廃炉工程にある福島第一原発から発生し続ける汚染水。保管量が１２０万トンを超えて「限界が近い」と政府は、含有する放射性物質を除去処理しても残るトリチウム（三重水素）の廃水を、原発から太平洋に放出する方法を採る構えだ。「トリチウムは人体に無害というのが科学的知見」との論を背にした政府に対し、原発事故と汚染水による風評に復興を妨げられ、ほそぼそとした試験操業を強いられた福島の漁業者は「10年の生業復活の努力が無になる」と反対する。

原発事故10年の象徴である汚染水最終処分の当事者は、果たして漁業者だけなのか。海でつながる国民すべてが当事者ではないのか。１２０万トン余りの海洋放出が無害であるとの論に一片の疑問もないのか、メディアは幅広い議論の場を提供したのか。風評の根がいまだ深い現状で、説明と決定の責任を負うべき菅義偉首相への当事者の「問い」も、答えを持ち越されたままだ。質問は重ねられているか。

4　信頼を裏切る取材者

石巻市の被災地の寺に、東日本大震災の津波でわが子を亡くした母親たちが月命日ごとに集い、祈りを捧げながら語り合ってきた。そこで聞かされた話がある。震災直後のひどい出来事だ。

その女性は、愛する夫と幼少の子どもを亡くした。津波の後、子どもがいるはずだった入園式を遠くから眺めていると、報道陣がやってきた。テレビの取材者の1人から「話を聞かせて」と頼まれ、顔も名前も出さないことを何度も確認して気持ちを話した。ところが翌朝、「テレビに出ていた人ですよね」と知らない人から言われ、家に電話も掛かってきた。地元局の朝の情報番組で、ちらと見せただけの形見の写真まで映されていたという。

被災者のこうした訴えは表に出ることが少なかった。信頼を裏切られ、心に傷を負っても、その声は連日の洪水のような被災地報道にかき消されたからだ。女性は親しい人に背中を押されて電話で取材者が誰だったかを問い、応援でクルーを派遣した九州のテレビ局に問い合わせた。が、相手からは「取材を受けてくれたのはOKのことだと思った」と約束も忘れたような言い訳を繰り返されたという。もはや取り返しがつかず、「絶対に許せない」と取材への拒否感は続いている。

福島県飯舘村には、全村避難前の混乱した時期、あらゆる内外メディアの取材者が入った。前述の農家が営んだ民宿にも、何人も入れ替わるように泊まって村内で活動し、農家は朝晩の食事を共にして、せめてものもてなしにした。晩の食卓は、親しい隣人たちが来ての雑談放談の場にもなった。村人にとっては不安な日々の憂さ晴らしでもあったが、ある取材者はそこに交じって聞いた話を村の内情取材とし、断りもせずウェブのルポにして流したという。それを知った家族は「役場への悪口まで流されたら、村の中で立場もなくなる」と憤った。

全くの他者として現れた取材者が、村の歴史や政治の文脈、人と人の関係も知らず、つまり何がニュースになるかも分からぬまま、事実の確認もしないまま、「飯舘の話なら何でもネタになる」という興味・関心で被災者の親切心を利用した。そういうことに思い至らなかったか。

当事者からの訴えはいまも絶えない。前述の遺族の集いに現れたウェブメディアの取材の話も聞かされた。「幽霊話はありませんか」と切り出したという。亡くなった子と「いつも一緒にいます」と心情を語ると、「その根拠は」「実際に（心霊現象が）ありますか」と質問を重ねられた。当事者の思いはどうでもいい、興味本位の取材だなと感じて帰ってもらったが、後で再び取材をお願いしたい旨の電話があり、苦痛を募らせて断ったという。

柳原和子というノンフィクション作家がいる。11年間のがん闘病をし、患者と医療の壮絶な現実をつづった末、震災の3年前に57歳で逝った。『百万回の永訣――がん再発日記』（中央公論新社）に「訪問者でしかない取材、観ようと意識した取材から生まれた私の言葉は、逃れようもなく巻き込まれた当事者を超えることはできない」「わたしは彼らではない。傷ついた人々は、戻るところのある観察者を、心根のところで拒んでいる。しかも、観察は観察でしかない。当事者を超えられない。それどころか、当事者を裏切ることとさえある」という厳しい独白が溢れる。向こう見ずに生前の著者に会いに行くほど、私は衝撃を受けた。

発症前、医療過誤事故被害者の取材を重ねた柳原さんは、寄り添ったつもりの当事者から最後に拒まれ、「結局、わたしはどこにも属していない、属することのできない傍観者と知った――根無し草だった」という絶望を味わった。がん患者となることで、「帰る場所のない当事者にやっとなれたのである。他人を現場にすることはない。さもしく悲しみの現場を漁ることはない。自らを現場にせよ」と、闘病を記録し続け、専門家たちと対峙した。柳原さんが存命なら、震災と原発事故の当事者をどう取材したか、現場を歩きながら考えさせられた。

「さもしく悲しみの現場を漁ることはない」という言葉は、経験ある取材者ほど胸に強く響く言葉であろう。大震災という悲惨な状況にあって、被災者ではなく取材対象を探し、「東京でストーリーをつくってきて、『 』の話だけを切り取っていった」「取材者の集団に取り巻かれて話を聴かれ、どこの誰とも分からぬのに記事にされていた」――。そんな取材をして二度と来なかったという訴えをいくつも、現場で当事者から聴いた。そうした報道が売る「衝撃」「感動」「美談」にどんな価値があるのだろうか。一方で、何も知らぬ「他者」として出会い、どんな言葉を掛けていいか分からず、追い返され、ただ耳を傾けるしかなかった取材者たちもいる。そこから、現地に通って当事者との縁と信頼を重ね、「つながれる」ことを知り、変わっていった体験も数多くある（第3章2「被災地で取材者はどう変わったか?」参照）。「取材の利益を求めるのではなく、むしろ人々の苦悩を分かち合いたいと望んでいることを示しなさい」。これも9・11同時多発テロの後、米国の記者たちが実践した言葉だ（寺島『シビック・ジャーナリズムの挑戦』日本評論社より）。向き合えば、そうなる。

5　「寄り添う」とは何か

「また社会資本等の毀損も　いろんな勘定の仕方がございますが、25兆円という数字もございます。これがまだ東北で、あっちの方だったから良かった。これがもっと首都圏に近かったりすると、莫大なですね、莫大な被害があったというふうに思っております」

２０１７年4月25日、当時の今村雅弘復興大臣が派閥のパーティーでこう語った。当人が気にした様子はなかったというが、同席していた安倍晋三前首相が「東北の方々を傷つける、極めて不適切な発言があった」と問題視し、その夜のうちに事実上の更迭となった。

「復興大臣としてとんでもない暴言だとは小学生でも分かる。あきれ果てたが、診察室で患者さんたちと話をしていたら、怒りとか、笑い飛ばすとかでは済まないものがある、と気づき、心に穴が開いたみたいに落ち込んだ」。被災者の支援のため、精神科医たちが福島県相馬市に開設した心のケアの診療所「メンタルクリニックなごみ」の蟻塚亮二院長は、その際の私の取材にこう語った。

13年の着任以来、診療所で「震災と原発事故以来、夜に眠れない、体に原因の分からない痛みが出た、突然にパニック反応が起きるようになった、気持ちが落ちて苦しい、死んだ人の姿や声を見聞きする、といった症状の被災者を診てきた。まず安心して話せる関係をつくってきた」。そんな経験を16年の河北新報連載「被災者いまだ癒えず」や新潮社「Foresight」で紹介させてもらった。

私は石巻の被災者からも、当時の復興相発言について「まだよかった、亡くなったのがあなたの子で、うちの子じゃなくて――と言われたような気がした」「悔しかった、人の命を侮辱されたようで」「日ごろ『寄り添う』と言っていて、何も分かっていなかった」と聞かされた。

蟻塚さんは、患者との会話から発言の意味をこう受け止めた。「あの復興大臣はすべてを否定したんだ。東北の震災で犠牲になったり、家や古里を失ったり、心に傷を負った人たちを。私のように被災地の医療に携わってきた者や、現場に足を運んで実情を伝えてきた地元紙のあなた方がやってきたことも、何の意味もなさなかったんだ、と」

蟻塚さんは「なごみ」の多くの患者の症状を、震災による心の傷が原因の「遅発性PTSD（心的外傷後ストレス障害）」と呼び、「前任地の沖縄の病院で診た患者と驚くほど重なった」と語った。1945年の沖縄戦で肉親たちを失い、生死の境をさまよった凄惨な記憶が年配になってぶり返し、苦しむ人々だった。

南相馬市の女性から聞いたというのも、避難中によみがえった戦争。地元にあった旧陸軍飛行場が米軍機の空襲を受け、機銃掃射の中を父親に背負われて逃げまどった恐怖の記憶だ。

原発事故の被災者は古里から遠く、あてどなく避難させられ、狭い仮設住宅で我慢を重ねた。そのまま元の家に帰れなくなった人も多い。誰もが同じ境遇だからと頑張っている間は、記憶は心の底に沈んでいるが、「身内やペットの死、緊張がふと途切れた時、同じようなつらい出来事……。それを引き金に記憶の痛みが表面に浮かんできて、傷口が開き血が流れだす」と蟻塚さん。16年4月に熊本地震が起きた時、テレビで被災地の様子を見て体調を崩した患者が多く、「難民のような思いをさせる避難所に入れるのはもうやめて」と訴える人もいたという。そんな苦しみを抱える人たちが暴言で全否定された気持ちになれば、自死の危険さえ生じた。

「あっちの方だから……」でいえば、「東京オリンピック」も被災地の日常で耳にしたことのない別世界の言葉だった。その実現のため前首相は、福島の復興を阻む風評の源、福島第一原発の汚染水問題を「アンダーコントロール（完全に制御されている）」という非現実の一言（13年9月の国際オリンピック委員会での演説）で切り捨てた。これもまた東北では「暴言」と響いた。

「復興をどんどん進めていくには、日本の経済を強くしていかなければなりません」。私の郷里、相馬市の漁港で14年12月の衆院選の第一声を挙げた前首相は、看板の経済政策だった「アベノミクス」のバラ色の効用を説いた。福島第一原発事故の痛手を背負う人々が解決への責任ある約束を聴きたかった「廃炉」「汚染水」に一言も触れず、「よその世界の話のようだった」と知人の漁師は語った。やはり被災地の日常で聞かれなかった言葉に「復興」がある。目の前の現実がいまだ「復興」にほど遠いものである以上、当然のことだった。そこで語られた「復興」は金で算定できるものであり、「25兆円という数字もございます」という冒頭の発言に通じていた。

やり切れぬ思いで私が重ねたのは、原発事故のひと月余り後の飯舘村で、離散していく集落のお別れ会で聴いた言葉だった。「飯舘では、みんな、身の回りにあるもので食をつないで、生きてきた。昔は、どの家も貧しかったから。山菜を摘んで、山で捕ったものの肉を食べて。いま、それも食べられなくなった。でも、これから原発事故の補償を求めるという時、実は豊かだった山の村の幸や暮らし方が、〇〇万円なんて、お金に換算できないんだ。それを失うのが悔しい」

被災地が望んだのはアベノミクス景気のおこぼれではなく、オリンピックという幻想の夢にすがる未来でもなく、ただ自らの生業で再び古里に生きる日々だった。それはいまも変わらない。

首都圏に自主避難した福島の中学生がいじめを受けた問題があった16年、国会で「大変な憤りを感じる。被災者に寄り添うという言葉をもう一度かみしめなくてはならない」と説いたのも当の元復興相だった。震災後、「寄り添う」という虚構の言葉が流布する中で蟻塚医師は語った。

「自分の思いをしゃべっていい、悲しみに向き合って悲しんでいい、という場があることで心の傷は癒やされる。被災した人々のまわりに『語るあなた、聞く私』の関係を育てることが大事。苦しみを携え、乗り越えた時間が他者から肯定され、『すごいことを成し遂げた勝者』と尊敬を込めて認められることで、過去といまの溝は埋められ、人は生きる力を取り戻せる」

「寄り添う」とは本当はどんな行為なのか。政治用語になった感のある「復興」の意味は何なのか。それは孤立した人と人が再びつながれていき、生きる希望を共に見出していく道筋ではないか。

本章1節で紹介した「シビック・ジャーナリズム」のこんな言葉と重ねてみる。「事件で体験したことを人びとに語ってもらうためのスペースを提供しよう。彼らは、喜びや悲しみ、絶望や（それに打ち勝った）勝利の思いを、たくさんの人に分かち合ってもらおうと求めている」。9・11テロ事件からの社会の再生を模索した米国の同僚たちのメッセージと、いかに響きあっているか。メディア（Media）の本義も「人と人の間にあってつなぐもの」なのだ。

被災地取材で私がかみしめた言葉がもう一つ。仙台で自閉症の子どものある親たちを当事者の立場で応援してきた主婦高橋みかわさんが、記者という存在と役目について語ったものだ。

「当事者の方々も訴えたいことは山ほどあります。でも、自分では思いをうまく文章化できないし、そんな場もない。ブログで仲間づくりもできない人を助けてほしい。思いのピース（断片）を一つひとつ引き出し、形にして見せてくれるのが記者の仕事ではないでしょうか」

そこにいつもとどまり、同じ時を過ごし、悩み苦しみをそばで聴き、理不尽には問いを重ね、取り戻すべきもの、解決すべきことを外へ伝え、孤立する人と手助けする人をつなぎ、誰かが見つけた希望の種と心の癒し、明日を探す道筋を分かち合う場をつくる。そして、日々の小さな事実の続報を積み重ね、歴史として記録していく。被災地に生きる者のジャーナリズムの形だ。

第2章　被災地10年の変容を追って

2013. 8.- 2020. 3.

震災から長い歳月を経ても、月面のような土木工事の風景が広がる陸前高田市内
＝ 2020 年 2 月 12 日

２０１１年３月11日の大津波と福島第一原発事故の後、１年、２年、３年と歳月が過ぎると、被災地のその後を全国に伝えるニュースは激減し、書店の「震災コーナー」は消え、「３・11」がめぐるたびの「記念日報道」に変わっていった。「もう復興したのでしょう?」と、筆者も上京すると聞かれた。しかし、被災地の日常はあの日から続いており、復興を阻み、遠のかせる難題が時々刻々と事態を変容させ、地元の人々は常に未経験の苦悩を負わされてきた。「復興五輪」と銘打つ東京オリンピックをシンボルとし、震災、原発事故に早く幕を引きたい政治との溝も広がり、目の前の現実との間で被災地の人々は引き裂かれた。取材者に「復興」の意味を問い続けた10年を、書き継いだ記事の中から振り返る。

1　アベノミクスの狂乱の影で、置き去りにされる東北の被災地

２０１３年8月

はじめに

「復旧・復興は相当に進んでいる。復興需要に支えられて、日本で一番経済活動が前進している地域だ」。6月16、17日、東日本大震災の宮城、福島両県の被災地を就任後初めて視察した日銀の黒田東彦《はるひこ》総裁は、河北新報の取材で被災地の印象を問われ、こう述べた。

石巻市で訪れた水産加工会社は、２０１１年3月11日の津波で旧社屋が全壊し、2年後のこの4月に生産を再開したばかり。石巻漁港で水揚げしたサバ、イワシなどを冷凍加工しているが、売上高は震災前の30～40％にとどまるという。「（復興需要が）建設業など一部業種に偏っているのも事実。経済が全面的に回復するのは時間が掛かるだろう」と言葉を継いだ。「大胆な金融緩和」による経済再生を日本の津々浦々に広め、推進する立場から、冒頭のようなコメントをせざるを得なかったのか。

しかし、被災地に生きる側に、その実感はない。同月19日の河北新報経済面には、民間の信用調査

機関の「アベノミクス影響調査」として、「東北の企業の4割以上が好況感を持っていない」「業績の影響についても『プラス』との回答は2割を切っている」「政府の経済政策は中小企業や地方には波及していない」との記事が載った。

震災発生以来、東北の地元紙の一記者として、古里でもある被災地を歩いてきた。全国から無数の支援者が集った「絆」の大合唱は遠く去り、被災地訪問を競った政治家たちの「震災復興なくして日本の復興なし」との訴えも、安倍政権の登場後は「アベノミクス」という新しい神輿に誰もが殺到する喧噪にかすんだ。いまだ「何も終わらない、何も始まらない」風景の中に取り残され、中央発の「復興を加速」の掛け声もむなしく響く被災地のありのままを報告したい。

去るか、残るか

「古里、去るか、残るか」。大震災から3年目を前に、2013年3月1日から河北新報朝刊1面に連載された現状報告の初回の見出しだ。被災地で暮らしの再建が見通せないことからの止まらぬ人口流出と、被災者たちが迫られている厳しい選択を伝えるものだった。

紹介されたのは、宮城県南三陸町の釣具店主。自宅兼店舗と支店がすべて津波で流され、仙台市内の大学に通う子どものアパートに一家で身を寄せた後、民家を借りた。被災地支援をするNPOで臨時職員として働くうち、他の家族も仙台に生活の根ができ、町ごと流された古里には一向に復興の兆しが見えず、「帰らない」ことを決めたという。「仙台でなら新しい展望が開ける。一生懸命に働き、家を買うのが夢」という言葉が添えられた。

もう一つは、やはり津波で「万里の長城」と言われた巨大防潮堤もろとも町が壊された宮古市田老《たろう》地区の食品店主の話。４００戸余りが入る仮設住宅は今、50戸ほどが空き家になった。宅地造成や災害公営住宅の完成は３～４年後で、「住宅は地区外」を希望する人は48％という。津波の２カ月後からテントの店を出し、仲間と11年９月に開いた仮設商店街も、売り上げが震災前の半分ほどで、外での再建の道を選んで去る店も出てきた。

被災地からの人口流出は、13年１月現在の推計人口からも明らかだ。岩手、宮城、福島の被災３県で合わせて、ほぼ11万人が減った。また、市町村別で減少率の大きな自治体は、岩手県大槌《おおつち》町が－20・00％、陸前高田市が－15・39％、同県山田町が－11・85％、宮城県では女川《おながわ》町が－22・08％、同県山元町が－17・96％、同県南三陸町が－14・93％、気仙沼、石巻両市も－７％台。福島県では、福島第一原子力発電所周辺の双葉町、富岡町、浪江町、南相馬市がいずれも－８％台。いずれも住民票を移しての異動の数字で、今この瞬間も古里の内外で「どこで生きるか」の選択に悩む人の数は計り知れない。

「北上に定住希望51％　『故郷に帰る』14％」。12年９月28日の河北新報朝刊に載った記事だ。岩手県内陸の北上《きたかみ》市が、被災地から避難している沿岸自治体の住民２７３世帯に今後の身の振り方を尋ねた調査の結果だ。同じ内陸の盛岡市、奥州市が行った同様の調査でも、古里帰還の意向はそれぞれ17％、20％。遠野市でも23％だった。「定住のための住宅支援に力を入れれば、被災地の人口流出を促すことになるのでは」と各自治体もジレンマにある。

「震災からもう2年余りが過ぎ、被災地では復興が進んでいるんでしょ」と、筆者は東京で問われることがある。しかし、それは遠く離れた別の日常の時間に生きるがゆえの思い込みだ。

石巻市の牡鹿《おしか》半島に鮎川浜という、古くから沿岸捕鯨を産業としてきた町がある。取材が縁で20年以上も付き合いのある元捕鯨者の年配の夫婦が最近、仙台市内に家を持つ決意をした。自宅を含む町の大半を津波で流され、仙台に住む子どもを頼り、近くのアパートを借りて避難生活をしていた。地元の仮設住宅にとどまった旧友たちを訪ねて毎月のように2時間の道で通い、古里とのつながりを大切に温めた。「がれきは片付けられ、復興計画の説明も聞いた。が、行くたびに何もない、何も変わらない風景に心が疲れ、自分がいつか、そこに帰ると信じることができなくなった」と夫婦は語った。

石巻市が13年2月に公表した、災害危険区域の住民を対象にした「住まい」に関する意向調査結果がある（同月13日の河北新報記事）。それによると、被災が甚大な牡鹿半島など合併区域の旧町部で、市外への移転を希望する世帯の割合が、前回調査（12年9月）時点に比べて4倍に増えた。記事は「時間の経過とともに、復興の遅れが指摘される地元での再建を断念する住民が増えた」との背景分析に加えて、「大変憂慮している。復旧・復興の姿が見えないことが影響している」という亀山紘市長の焦燥のコメントを伝えた。

「土地バブル」の異なる意味

3月の公示地価で、東京、名古屋、大阪の三大都市圏の住宅地、商業地とも地価の下げ止まりが鮮明になった。安倍政権が打ち出した「アベノミクス」など世界的な金融緩和が大量の投資マネーを生み、低金利が不動産市場をも活性化させている――との解説記事が、同月22日の河北新報朝刊に載った。筆者がこのころ訪ねた名古屋市での地元経済界のある会合でも、大手不動産会社トップの講演が大盛況となった。会場で聴いたのも、アベノミクスへの熱い期待だった。

無人の被災地で始まった復興土地区画整理事業のかさ上げ工事。膨大な土砂と時間を要することになった＝2013年6月26日、陸前高田市

同日の1面、社会面には「公示地価　上昇率10位に被災県8地点」「宮城　宅地伸び率1位」という意外な大見出しがあった。国土交通省が地価を調査した約2万6千地点の中で、石巻市、いわき市、岩手県大槌町の計8地点が全国で10位内に入ったのだ。人口流出が止まらぬ東北でなぜ、こんな現象が起きたのか。

石巻市では津波の浸水を免れた内陸の4つの住宅地が入り、高台の団地・しらさぎ台は2年続けて全国トップ。「毎日のように団地内で建前（上棟式）があった時期もある。海の見えない土地に、1日も早く自宅を再建したいという気持ちは痛いほど分かる」（12年3月23日の河北新報記事）という同団地の仮設住宅の住民の言葉が、「残る」ことを希望する住民の間の複雑な思いを代弁した。

いわき市では、ニュータウンの泉もえぎ台が全国の6

位、中央台が8位に入った。福島第一原発事故のため、福島県双葉郡などの住民計約2万5千人が仮設住宅などで避難生活を送り、定住のための住宅需要が逼迫したという。うち富岡町の18歳以上の全住民への調査で、「町に戻りたい」と答えた人が15・6％（13年2月9日の河北新報記事）。1年前の調査で同じ回答は63・6％もあった。「放射線量が下がらず、町民の帰還意欲が低下している。町が『5年間帰れない』と宣言したのも影響した」と同町はコメントしたが、時とともに復旧・復興への希望が薄れていく状況は北も南も同様だ。

大槌町は、旧中心部がほとんど更地の状態となっている。人口減だけでなく会社、工場、小売店など事業所数も震災前から72・5％減という被災状況にあり、津波の傷跡が最も深い被災地の一つといえる。ところが、今回の地価公示で同町が、上昇率の全国2位と5位に入った。

12年10月21日の河北新報連載「東日本大震災　焦点」によれば、「震災で１２００人余りが死亡・行方不明となった大槌町の人口は、9月末現在で1万３１０１人。震災直前より２９０６人減り、人口減少率は18％と県内で最も高い。震災後からことし9月末までの転出者は１９６７人に上る。住民票を移さずに町外へ移った人もいるとみられ、町を出た人はさらに膨らむ」。中心部の町方地区に、町の再建を目指す計画人口１８００人の土地区画整理事業が予定されているが、完了は4年先とまだ遠い先だ。

その町での地価高騰は、津波を免れた遊休地や農地に新居を建て、また数戸規模の宅地を造成する「ミニ開発」が活発になったためだという。高齢化と過疎が進んだ、土地バブルとも家の引っ越しとさえ無縁だった町で、「土地があれば、すぐ売れる状態。造成工事が終わるころには買い手が決まっている」と地元の不動産業者は語る（３月22日の河北新報記事）。これも、「去るか、残るか」を迫られた住民の選択行動の結果だった。「高齢者を抱える家庭ほど、仮設住宅ではなく自宅でみとりたいと考えている。もう待てないという人が多い」という切実な内情を、農地を宅地開発に手放した農家の話が伝える。

復興事業に相次ぐ入札不調

「県工事　入札不調29％」。４月26日の河北新報記事の見出しだ。12年度に落札者が決まらず不調となった宮城県発注の建設工事（一般競争入札）の割合で、10年度末での割合は３％だった。「建設業の人手不足や私財単価の高騰で受注できない業者が増えた」と記事は伝えた。

前月２日の同紙には、石巻市の12年度一般会計予算のうち、消化できず繰り越す予算が21・９％、７１８億円に上る、との記事が載っていた。「東日本大震災関連の事業が大半を占め、入札不調やマンパワー不足などが影響している」「土地区画整理や道路、学校建設、漁港などの復旧・復興事業が多い。業務の増大に伴う市職員の不足に加え、業者が決まっても資材や人員の確保が難航し、事業が遅れているケースもある」

さらに、６月７日の河北新報朝刊１面の連載「気流どこへ　迫る２０１３参院選」１回目には、「加速の実態『実感なし』住民失意」の見出しが載った。「２年前からほとんど変わらない風景がある」と始まる記事は、被災地である石巻市雄勝《おがつ》町の名振《なぶり》漁港の状況をつづる。

「東日本大震災の津波が直撃した防潮堤は所々に隙間があるが、いまだに土のうで埋められている。本格的な復旧工事は入札不調が続き、手つかずの状態だ。

石巻市では昨年度、岸壁かさ上げなどの復旧工事を計画した28漁港のうち、11漁港の工事入札で応札業者が現れなかった。名振漁港はその一つ。水揚げは残った岸壁の一部を使ってしのぐ。『抜本的な対策が打ち出せないなら、政権党が自民でも民主でも同じだ』。名振地区で漁業を営む大和久男さん（58）はいら立つ」

震災当日から約400人の津波被災者を受け入れ、避難所となった石巻市渡波《わたのは》の寺を11年5月の取材以来、訪ねている。震災では、1本の記事で取材は終わらず、それを縁に通い続けることで被災地の変化を知り、続報が生まれ、その積み重ねが復興の歩みの記録となる。渡波の寺もそうした大事な場所である。

今年3月11日の津波犠牲者の慰霊法要を取材させてもらった折、住職から悩み事を聞かされた。「地元に保育所を建てようと、土地を探し、法人認可を取り、補助金を申請し、寄付を募り、設計を発注し、準備してきた。今、入札の告示中だが、建設資材や人件費の高騰で、設計事務所の見積もりでは足りなくなった」

渡波地区は町の大半が被災し、住民は仮設住宅のほか市内外に避難先を求めて離散した。震災前の約6300世帯のうち、現在、実際に住んでいる住民は約3900世帯という。民間アパートや仮設住宅に住む人、壊れた住宅を修理して戻った人もいるが、子どもの姿はほとんどない。被災した小中学校が内陸の仮設校舎に移り、幼稚園と2つの保育所もなくなった。そこで「町に保育所を再び開き、若い家族が再び戻って住めるような環境をつくりたい」と住職は寺財も投じ、地元の応援も呼び掛けて計画を進めてきた。

だが、参加した建設3社の入札額は、見積もりより4千万円から2千万円余りも高く、不調に終わった。「4月からセメントの値段も上がり、とても見合わないと言われた」と住職。やむなく、一番額が近かった業者と、設計士を交えて工事内容を再検討し、園庭や遊具などの予算を建設費本体に回すことで相手方に歩み寄り、随意契約を結んだ。

「町の未来のために計画を頓挫させられず、遊具などは寄付を呼び掛けるしかない。支援が必要な被災地で、再建に欠かせない物資が2～3割も値上がりし、復興の足を引っ張っている状況は異常。仮設に住む人たちに公営住宅を建てるにも、木材も円安で値上がりしているという。復興加速を約束した国が何の対策も取らないのは、なぜか」と住職は訴える。

空洞化する地場産業

渡波地区から西に3キロの石巻漁港では、6月下旬、「金華サバ」のブランドで売り出し中の近海のサバが水揚げされていた。地盤沈下から復旧した岸壁がいまだ少なく、「水揚げは震災前の40～50％」（石巻魚市場）にとどまる。市場の建物も被災したままの姿で、毎日の競りは、長大な仮設テントを並べて行っている。その後背地に、かまぼこ製造などの水産加工場、製氷工場、冷蔵会社、運送会社など200社余りがひしめいた水産加工団地がある。二階まで達する高さの津波で壊滅した。現在、ほぼ半数が中小企業庁の補助金などを得て施設再建にこぎつけ、操業を再開している。が、どの加工場もまだ一部稼働の状況で、「地場での加工の受け皿がないことも水揚げが少ない理由」と魚市場では話す。

5月に安全祈願祭を行い、全壊した工場の一部再建が成ったばかりの水産加工会社を訪ねた。パートを含めて50人いた現場の従業員は、震災後、やむなく解雇したという。復活の見通しもなかった11年夏に、八戸市の水産加工会社と縁ができ、自社のレシピとともにサバの味噌煮、生姜煮などのレトルト商品製造を託し、石巻市のマンションの一室でラベル張り、箱詰めをするという手作業をほそぼそと続けてきた。

「再開したのは工場の1ラインだけ。得意先の関東のスーパーなど、市場を震災以後2年余りもお休みしてきた。サンプル商品を一から作って、売り込みに歩かねばならない」と営業部長は言う。先に紹介した渡波の寺の檀家でもあり、自らの家も津波で全壊した後、寺の避難所の世話役として献身した。

スタッフは、同じ被災者でもある元従業員3人を呼び戻した。300社あった取引先は1割ほどに減り、「売り上げがなければ、雇いたくても給料を払えない」のが現実だ。「団地の同業者も同様に、再起しても販路がない。うちは、加工場のねり製品を買ってレトルトのおでんの具にしたり、サバの切り身を仕入れてうちの工場で味付けをしたりして、互いに助け合いながら復活を模索しているんだ」

東北の津波被災地の多くは漁業と水産加工を生業の柱にしてきた。町の成り立ちも、住民の働き先もしかりだ。今年1月29日発表の「経済センサス」によると、12年現在の事業所数は09年に比べ、岩手県大槌町で－72・５％、同県山田町で－60・０％、陸前高田市で－46・６％、宮城県南三陸町で－68・１％、同県女川町で－68・１％、気仙沼市で－40・０％、石巻市で－35・４％。その多くは水産に関連する産業だ。漁港は公共工事で、会社は国の中小企業グループ化補助金（８分の７の補助金）などで再建を後押しできても、人の雇用は難しい。

雇用保険の被保険者数を見ると、例えば石巻、気仙沼の両公共職業安定所管内の被保険者数は、石巻で13年１月の食料品製造が３３８２人で、11年２月から34・６％も減少。逆に建設業は６５６６人で32・４％増えた。気仙沼でも食料品製造は51・２％減に対し、建設業は32・２％増となった。さらに食料品製造業は、募集しても働き手が戻らない状況だ。石巻では１月の求人５８７人に対し、求職は２０３人しかいなかった。

「水産加工業　人材ＳＯＳ」「高賃金　復興事業に流出」との見出しが河北新報朝刊１面に載ったのは６月９日。がれき処理をはじめ「復興関連」土木・建設の仕事との賃金格差が、被災地の自立に欠かせぬ地場産業の復興の足を引っ張っているのだ。土木・建設業の賃金は時給換算で優に１千円を超えるが、「７００～８００円が基本」だという南三陸町のかまぼこ工場の社長は記事で、「復興事業の水準に合わせたら経営が成り立たない」と悲鳴を上げた。「元の職場が再開しても、生活再建のためには現金収入が必要な時。高い方を選ぶのは仕方がない」「津波警報のたびに恐ろしい思いをしている。浜の仕事場ではもう働きたくない」という住民の声も聴いた。

がれき処理関連の仕事をする人は、宮城県内だけで約４千人に上る。がれき処理は13年度内で完了する見通しで、再就職の当てのない解雇が被災地の新たな問題になると、６月８日の河北新報朝刊１

面の連載「焦点」が提起した。既に同県山元町で、ゼネコンなどの共同企業体によるがれき処理事業の縮小に伴い、地元採用の約20人が突然、来年1月までの雇用を7カ月短縮する通知を受けた、と記事は伝えた。

2013. 8.

田の後継者はいずこ

福島県浜通りの国道6号線を南下し相馬市を過ぎると、沿道の田んぼのまぶしい緑が、土と夏草の風景に変わる。福島第一原発事故の20キロ圏（旧警戒区域）、30キロ圏に入り、人口7万人の街から一時は5万人近くが避難した南相馬市。小中学校が12年秋から再開し（小高《おだか》区を除く）、多くの事業所が平常に戻った。が、コメは作付け自粛が続き、3年目になる。筆者が11年5月以来、折に触れて訪ねている農家がある。

市は12年、農家の参加を募って、稲作再開の判断の目安を得る実証試験を行った。126カ所の田んぼでコメが収穫され、中心部・原町区の結果は「50ベクレル（キロ当たり）未満は全体の95％、20ベクレル未満は同59％、不検出（ND）は同11・5％」（国の食品の安全基準は100ベクレル）。知人の60代の農家も参加し、不検出だった。

市は実証試験を今年も続けている。前年との違いは、安全基準をクリアすれば、秋に収穫するコメを販売できること。農業復興へ、意欲を盛り上げる策だが、参加者数はあまり伸びなかった。「休業が続けば意欲もなくなっていく。農業機械は、動かして手入れをしなければ、さびるばかり。風評の行方も分からない。ただでさえ高齢化が進み、諦める人、放棄する人が出てくる」と別の農家から聴いた。
　知人は原町区の海岸部の地区で田んぼを３ヘクタール近く経営し、ブロッコリー栽培や苗作りにも取り組んだ篤農家だ。が、11年３月11日の津波で家族の一人を亡くし、農地、家、機械類も流された。地区に70ヘクタールあった田畑のうち60ヘクタールが被災し、広く経営する農家ほど打撃が大きく、近隣の専業仲間も大勢亡くなった。

「農家仲間たちの道半ばの無念を引き継いで地元の農業を復興させたい」と知人は願い、実証田作りに参加し、12年暮れから農作業再開の準備をした。「畑を借り、７月に種まきし、10月に収穫できるブロッコリーから始められたら」と。

津波被災地の農家にとって一番の問題は機械類の確保。買い直せば総額１千万円を超えるが、資金はなく、国の被災地農業復興支援で、必要な機械類を無償で貸与する事業を狙った。が、対象は個人でなく団体。手伝いの人を雇うつもりで震災前に経営した法人名で申し込んだが、窓口の市で認められなかった。仲間を失い、後継者や新たな就農者も望めない地域で、知人は孤立感に苦しんだ。「再起の手立てを求めて苦悩している個人の農家」という現実を役所も知らない。

　原発事故被災地と記憶される南相馬市では、津波でも海岸部一帯で６００人を超える住民が犠牲になった。それら５つの地区にまたがる津波被災地を、同市は「原町東地区」として計３００ヘクタール余りの農業用地を再整備する計画だ。田んぼは、１枚１ヘクタール規模に区画整理を行うという。

　国は被災地支援で地元負担を極力減らし、多くの農家の参加で復興につなげたいという。生産性も効率性も高く、競争力のある農業を目指す基盤整備でもある。

しかし、完成まで5、6年は掛かる。「前の田んぼは30アールの広さがあった。昭和50年代に基盤整備をし、負担金は1千万円くらいあった。俺も担い手の一人で、『もうかる農業』をやろうと燃えた。しかし、新しい基盤整備が完成する時、自分はそこで農業をできるのだろうか」と知人は自問する。誰が残り、誰が担い手となるのか。未来図はまだ見えない。

終わりに

止まらぬ人口流出、経済のひずみで滞る復興事業、地場産業の空洞化の危機、後継者や担い手の姿が見えない農業再生――。同じ被災地の風景に、黒田日銀総裁が見たもの聞いたものとは何だったか。「左翼のクソどもから、ひたすら罵声を浴びせられる」「田舎の町議会をじっくり見て、余りのアレに噴き出しそうになりつつ我慢」。復興庁参事官が暴言をツイッターで吐き散らしていたと、同じ6月中旬の新聞で連日報じられた。原発事故の「子ども・被災者支援法」の基本方針策定を担った人という。「人ごとなんでしょうね」と、南相馬市から子どもと10カ所も避難を重ねたという母親のコメントが同14日の河北新報朝刊に載った。

被災地の声を聴くことから始まる仕事。それは記者も政治家も復興に関わる官僚も変わるまい。時間は何も解決せず、難問山積と忘却を進める。関わったら、逃げないでほしい。「寄り添う」の本当の意味だ。

2　どう乗り越えるか、風化と風評
マスコミ倫理懇談会全国大会で見えてきた課題

2015年12月

10月1日、金沢市で開かれたマスコミ倫理懇談会全国大会に参加した。分科会のテーマの一つが「災害をどう伝えるか～『風評』と『風化』を乗り越えるために～」。東京電力福島第一原発事故を原因とする放射能の問題を中心に、風評をめぐる現実の動きを、被災地内外のマスメディアがどう受け止め、どのように報じ、その克服のために何ができるのか――を、研究者の分析を織り交ぜて多角的に意見交換する機会になった。筆者も被災地の地元紙記者の立場から取材現場の事例を提供した。貴重な議論の一端を報告する。

震災当初の報道を検証する

NHK放送文化研究所メディア研究部の田中孝宣さん（上級研究員）は東日本大震災を、阪神淡路大震災を取材した経験と比べ、「発生から生放送でとらえた巨大災害だった」と指摘した。その中には、空からの津波到達の映像、福島中央テレビが福島第一原子力発電所・第一建屋の水蒸気爆発事故の瞬間をとらえた衝撃的な映像があった。田中さんは、NHKと在京のキー局4社が大震災初期に伝えた情報を比較。報道した被災直後の内容（津波、地震など）、地域（岩手、宮城、福島、首都圏など）、状況（避難所、救援救出など）は、それぞれの判断の違いが生まれたが、それ以後について、田中さんは問題点として次の2つを指摘した。

まず、最初の72時間内に「伝えられた場所」が陸前高田市、大船渡市、気仙沼市、石巻市、仙台市、名取市、宮城県南三陸町などにはっきりと偏り、逆に岩手県山田町、大槌《おおつち》町、岩沼市、宮城県亘理町、山元町、福島県浪江町など「伝えられない」、言葉を変えれば「忘れられた被災地」が生まれた。初期段階に取材が出遅れると、その後に特集報道番組を作る際も映像が乏しいままになる。各市町は以後、メディアが生んだ遅れ、格差をなかなか取り戻せず、全国からの支援にも差が生じたという現実があった。最も関心を集める時期の情報不足が、既に大震災の初期段階から「風化の芽」をつくっていたことになる。

指摘の2点目は福島第一原発事故の発生直後の報道内容だった。NHK、民放キー局の報道量がほとんど同じ動きをし、政府が放射能の影響について「直ちに健康に影響はない」「放射性物質が飛び散っている可能性は低い」などと国民への安心材料をコメントするたびに一様に報道量が上がり下がりした。「放送する側としては、独自に取材をして（事実を）確認する手段が限られている中で、決まったところからしか情報を得られず、似たような報道量になった。テレビ（報道）などが不信感をもたれてしまった原因なのかなと思う。多様な情報源がない中で、逆に不正確な情報や流言が出てくる土壌になったのではないか」と田中さんは語った。現在に至る風評の源はここにあったか、と筆者も当時を思い起こした。

２０１１年4月11日。政府が福島第一原発の警戒区域（20キロ圏）外の高放射線量の市町村を対象に「計画的避難」指示を発表した時、筆者が取材に入っていた福島県飯舘村の住民は大混乱に陥った。マスメディアを通して政府は「健康に直ちに影響はない」との見解を繰り返し、福島県が村に派遣した放射線医療の専門家たちも同様の講演をしていた。原発からの放射性物質の飛散状況を予測した国の「ＳＰＥＥＤＩ」の画像が公表されたのは翌月だった。「俺たちはモルモットにされた。政府もマスコミも信用できない」。インターネットを使う習慣もあまりなかった村民から、そんな声を何度も聴いた。信頼できる情報源、「安全」の物差しを失った被災地内外の人々は、自衛策を手探りするほかなかった。「風評」もまた、当時の強烈な不安の感情の落とし子として生まれたとは言えないか。

「風評被害」のメカニズム

風評被害の構造とメカニズムについて詳細な講演を行ったのが、第一人者である東京大大学院情報学環総合防災情報研究センターの関谷直也さん（特任准教授）だ。１９９９年の茨城県東海村でのＪＣＯ（核燃料加工施設）臨界事故をはじめ、原子力に絡む過去の風評被害の事例をひもときながら、そのプロセスについて関谷さんは、次のように説明した。

風評の「第1段階」は、「報道量が増大し、世の中のあらゆるメディアが批判を行う、何か問題があればすぐネットに書き込まれる。科学的に何が正しい情報なのか不明で、理不尽な批判を受ける。事実関係が不明で、科学的に正しいことがあまり対抗策として意味を持たない。リスクコミュニケーションが効かない」という。上記した飯舘村の混乱の状態と重なる。

第2段階は、「報道量が減少し、既に多くの人が『福島県産』を拒否していないが、市場関係者、代理店、保護者を含む学校関係者ら、少数者が、（農産物や水産品などの）流通、給食、修学旅行などに影響を及ぼす」という。

第3段階は「常態化」であり、「報道量は減少するが、少数の関係者の関心、影響力は依然として高く、汚染水、廃炉過程のトラブルなどのニュースが出るたびに敏感に反応する」。さらに「コメ、果物、贈答品など他に代替えの効く商品について、贈られる側の反応を慮《おもんぱか》って購入を自制する。それを扱う店も同様の思い込みから、福島産の商品を敬遠する」。この段階は、風評が「壁」のように社会で構造化している状態と、関谷さんは説明する。

筆者は、講演の中で河北新報の記事（6月4日の連載「風評と闘う　福島・原発事故の現場」㊤）が報じた風評の現状を紹介したが、その事実の一つひとつが関谷さんの指摘に重なった。

「手厚い検査体制によって福島産農産物は安全性が証明されている。2012年から全袋検査を続けるコメは、放射性セシウム濃度が基準値（1キロ当たり100ベクレル）を上回ったのは0・0003%以下で、市場には出回らない。コメ以外も、キノコや山菜類を除き、ほぼ全量が基準値を下回る。基準値を超えた場合、出荷されることはない。それでも風評被害はやまない。一時と比べ弱まったとはいえ、他産地との価格差の『固定化』はむしろ進んでいるように見える。

（中略）出荷量全国２位のモモは岡山県や山梨県産と比べ、今も25％安い。贈答用を中心に買い控えの影響が残る。福島市で果樹園を営む橘内義知さん（37）は『口コミで少しずつ広げた評判が原発事故で一気に途絶えてしまった』と悔しがる。

（中略）宮城県や岩手県産は２年で震災前水準に戻ったが、『福島牛』は１キロ当たり２００〜３００円（約15％）の差が埋まらない。『福島産というだけで安い値が付く。これほどむなしいことはない』」（前掲記事より）

関谷さんによると、「福島県産の食材」への抵抗感は、福島市民約３００人の聞き取り調査の比較で着実に改善し、13年５月の「積極的に購入している」（14・３％）「特に産地を気にして購入していない」（57・７％）が、15年１月にそれぞれ17・７％、64・３％に変化した。福島県以外の地域での同様の調査でも、13年５月がそれぞれ３・２％と68・７％、15年１月でそれぞれ４・５％と72・２％を記録。全体としても「福島県産を拒否する人の割合は減ってきている」と結論づけている。さらに、不安が和らいだ理由を問うと、「放射性物質に関する検査が行われるようになったので」が、福島で75・１％、県外でも47・５％、「基準値を超えた品目は出荷が制限されているので」が福島で62・７％、県外で46・０％、「放射性物質が検出されなくなったので」が福島で42・０％、県外で27・０％——など、検査の事実と結果を知ったことが理由の上位になった。

むしろ意外と思えたこうした数字を見ると、記事にある風評被害の実態とのギャップは何なのか、という疑問が湧いてくる。あるいは、このギャップを埋めることにこそ、風評を克服する方策があるのではないだろうか。関谷さんは「事実を知らせていく」ことだと考えている。

払拭の責任、コストは地元に

「福島県産の消費を拒否している層は難しい。情報を発信すべきターゲットは、例えば、ベクレルの数字やND（検出限界値未満）を読み取れない県外の一般消費者や、消費者の不安を慮っている流通の関係者だ。『おいしい』といったイメージでなく、全量全袋検査とその結果の周知をしてほしい」と関谷さん。上記の調査では「どんな情報があれば積極的に購入を考えるか」との問いに、テレビ番組や新聞記事での詳細な特集をすべき——との回答が7割を占めた。

ただし、その前提となるマスメディアの大震災、福島第一原発事故、被災地に関する報道量は、これまでに激減した。無論、被災地の地元紙ではいまなお毎日、1面から社会面まで震災報道が絶えることがない。歳月は何も解決せず、風評問題をはじめ、南北にわたる被災地の復興の遅れと山積する課題が、現在進行形のニュースであり続けているからだ。

筆者が講演で紹介した事例の一つに、南相馬市原町区太田地区に降りかかった「原発粉じん」問題があった。太田は、原発事故でほぼ全住民が避難を強いられた。伝統の農業を基に地域再生に取り組み、12年から新潟大、福島大などの研究者らと連携して稲作試験を始めた。ところが、13年産米の27袋から、前年に出なかった放射性物質が検出され、14年7月になって「農林水産省が福島第一原発のがれき撤去作業で生じた粉じんが原因の可能性があると指摘し、東京電力に防止策を求めていたことが明らかになった」との報道が流れた。

南相馬市と議会、農業団体が徹底究明を訴え、北隣の相馬市でも京都大の研究者が、飯舘村でも市民の支援ＮＰＯが、同時期に放射性物質の濃度上昇を観測した。が、その後、国の原子力規制委員会が「現地の土壌に原因がある」との見方を示し、ことし5月には農水省が「最終的に原因は不明」とうやむやな幕引きをしてしまった。

太田の地域と農業の再生に取り組んできた農家の1人、奥村健郎さん（58）は、「農水省が真摯に調査し、その努力が示されたのなら分かるが、あの結論は、国が逃げたとしか思えない。情報隠しと同様ではないか」と話す。

南相馬市太田地区の2015年秋の稲刈り。検査結果はND（検出限界値未満）だったが、風評への懸念からほぼ全量、餌米で出荷された＝9月15日

新たな風評への憤りだけが住民に残った。同年産米の米価（前渡し金）は、明らかに風評が反映されたとみられ、福島県浜通り産のコシヒカリが半値近く暴落（30キロ当たり６９００円）。ことしも南相馬のコメはほぼ全量、餌米として売られる。

２０１５年9月の豪雨では、飯舘村から計４４８袋の除染廃棄物のフレコンバッグが新田川に流出し、多くが下流の南相馬市に流れ着いた。その後、「除染をする環境省の担当者が2度、市に説明来て、管理を徹底すると述べただけ」と市議でもある奥村さん。翌10月には同省幹部が、郡山市での講演で「地元は心配していない」と発言し、聴衆の批判を浴びた。「風評の払拭のため、国が前面に出る」と安倍首相ら政府は繰り返してきた。が、その責任とコストは結局、地元が負わされている。

「原発粉じん」問題は最初、ある全国紙がスクープとして大きく報道したが、以後の経過が全国ニュースに上ることはほぼなかった。「被災地の現状を全国紙が取り上げなくなった」という風化の実感を、被災者たちから耳にする。その傾向はテレビも同様のようだ。

最初の講演者だった田中さんは、大震災、原発事故が11年3月11日以降にどれだけ伝えられてきたか、テレビ報道（NHKとキー局のニュースキャスター番組）の時間量の推移について時系列の調査結果を紹介した。それによると、大震災関連報道が占めた割合は当然ながら右肩下がりに減り、11年4月の40～80％から、14年以降は5～10％に（ただ、月10～15日は何らかの形で伝えている）。キーワード別では、4年以降で「復興」が1～5日程度。「原発」は10日前後と依然高いが、「放射能」を加えると1～5日。これに対し「エネルギー」では5～10日に上がり、田中さんは「同じ原発でも『福島』でなく、『再稼働』『エネルギー政策』などに重点が移った」と分析した。また、震災関連ドキュメンタリー番組もNHK、キー局を併せて月10本程度の放映が続いているが、12～14年では3月だけが30～50本に跳ね上がり、「アニバーサリー（記念日）報道」の実情を裏付けた。「視聴率を取るのが難しく、民報制作の50％が深夜の放映」だという。

メディアは何をすべきか？

被災地の内と外をつないでいた情報の流通が止まった時から、水が滞って酸欠になるように「風評」や「風化」が進み、内外を隔てる「壁」に育つ。それが筆者の実感だ。原発事故当初の衝撃があまりに強く、不安が多くの人に焼き付けられ、その後の被災地側の厳しい検査の結果や除染の効果、現地の生業再生への努力と成果などが日常的、継続的な情報として外に供給されないまま、最初の記憶が「思い込み」として消費者や学校を取り巻く人々、流通・市場関係者らの意識に固着する。被災地の産物の市場回復をも阻んでいる。

関谷さん、田中さんの見解と調査データを自分の取材現場に重ね合わせ、風化と風評は互いに絡んだ構造的な問題だと再確認できた。では、われわれメディア側にその解決策はないのか。分科会に集った地方紙、テレビ局や通信社、出版社など関係者の発言の一部を紹介する。

「定期的に福島に記者を派遣し報道しているが、風評問題をどこまで読者が知っているか、分からない」（九州の地方紙）、「福島からの避難者たちの報道を通じて、県民も風評問題に関心を持っていると思う。正確な情報を伝え続けることが風評克服の鍵という関谷さんの話を実践したい」（北陸の地方紙）、「原発事故が起きれば、福島のような全袋検査をやらざるを得ない状況になる。立地県のマスコミには、風評問題でも当事者になってほしい」（福島の地元紙）、「原発事故以来、系列各社から応援の派遣を受けている。1週間で自由に取材してリポートを作ってもらい、それぞれの地元で伝えてもらっている」(福島のテレビ局)、「地方紙から県外に発信する方法をどうするのか、課題のままだ」(福島の地元紙)。

原発事故の風評という広域的な問題に対し、多くの地方メディアはそれぞれ県単位の報道エリアで手探りしているのが実情だった。「県民は」「県民に向けて」という言葉がたびたび聞かれ、旧来の地域枠にとどまる地方メディアの「分断」を浮き彫りにしていると感じた。

在京のあるキー局は、毎月11日を大震災の「月命日」として被災地発のニュースをお昼の時間に伝えている。ところが、宮城、岩手の系列局から復興の歩みを伝える話題が上がってくるが、福島からはなかなか来ないという。「聞いてみると、『安全ですと報道すると、実際には安全でないのか、と視聴者から疑われ、逆効果ではないか』という迷いが現地の記者たちにある」

この話に対しては、関谷さんが「安全をめぐる対策は国や県がやるべきこと。メディアのやるべき使命は、いま福島の復興を妨げるどんな問題があるか、どう解決すべきかを掘り起こし、伝えることではないか」と述べ、地元記者たちがさらなる発信に一歩踏み出すことを勧めた。

ある通信社の編集委員は南相馬市で起きた原発粉じん問題に触れ、「政治の側が何かをぼやかし、隠そうとした可能性はある。在京メディアが農水省の判断に関わった担当者に突き詰めて質問し、事実を追及することが必要だったのではないか。そうでないと、(被災地の外のメディアが)新たな風評発生に荷担していくことにもなってしまう」と指摘した。

議論の最後に筆者が提案したのは、被災地の地元メディアが連携して外への発信を強める、あるいは被災地の内外にある地方紙同士がそれぞれの住民、生産と消費の現場をつないで風評問題を立体的に検証する共同プロジェクトである。風評問題はまた、「地方」メディアに自らの定義のし直し、生き直しを迫っている。「県民のため」との枠にとどまらず、地域の問題や声を全国につないで問題解決を可能にするメディアとなることだ。そして、地方と在京のメディアが風評などの問題を、現地と政治の場の両側でチェックする機能と責任を取り戻すこと。そうしてこそ情報は「壁」を越えて流通し、マスメディアの信頼回復にもつながる。

3 現実の遠い彼方にある幻夢
東北の被災地からみた〝復興五輪〟

2016年2月

新聞に現れた東北の声

「2020年東京オリンピック絡みの迷走が続いている。新国立競技場の見直しに追い打ちを掛けるように、エンブレムが白紙撤回された。今後どのような問題が噴出するか、国民のみならず世界も注視している。前回（1964年）の東京オリンピックには、大戦後のわが国の驚異的な復興ぶりを示すという大義があった。だが、今回はそれが見当たらない。むしろ、なぜ、いま、これほど巨額の経費を掛けてまでオリンピックを開催しなければならないのか。東日本大震災からの復旧・復興、またそれ以外にも、お金を掛けるべき事柄が山積しているのではないか。そのような疑問を抱く。

あらためて問題視すべきなのは、招致の段階で安倍晋三首相が、福島第一原発事故の汚染水は『アンダーコントロール（完全に制御されている）』と大見えを切ったことだ。『何を根拠に』と、その虚言に驚いたものだ。さらに招致委員会の竹田恒和理事長は『東京は福島から250キロ離れているから安全』と、原発事故で苦しむ被災者の気持ちを逆なでするような発言をした。このような虚言、妄言から始まった２０２０年東京オリンピックには、残念ながら負の連鎖が付いて回るように思えてならない」。

東日本大震災の被災地がある東北の読者から河北新報に届いた投稿の１本だ（２０１５年９月９日掲載）。２０２０年開催の東京五輪について各地から伝えられるコメントはいま、一様に厳しいものだ。まず投稿や記事に現れた読者らのコメントを追い、東北での受け止め方を検証してみたい。

そもそも、被災地と東京五輪とはどんな関係にあるのか。それは、安倍首相が招致活動の当初から、その看板として「復興五輪」を掲げていたことに始まる。２０１３年３月６日、国際オリンピック委員会（ＩＯＣ）評価委員会をもてなす首相主催の公式夕食会ではこうスピーチした。「日本には物語がある。地震、津波、原発事故で忍んだ災厄と復興で、両者を橋渡ししたのは思いやりや勇気だ。だからこそ東京を選んでほしい」（翌７日の同紙）。冒頭の投稿が指摘するように、13年９月７日、安倍首相はブエノスアイレスのＩＯＣ総会で、福島第一原子力発電所の汚染水問題をめぐる国際的批判を「アンダーコントロール」という発言で払いのけ、東京五輪招致を果たした。が、紙面には冷めた反応が現れた。

「３・11から2年半がすぎ、いまだ収束する方法がないと言われている現状なのに、安倍首相は『状況はコントロールされている。東京に悪影響を及ぼすことはない』と強調した。この発言が東京五輪招致を決定づけたらしい。認識の違い、隔たりに怒りを通り越してあぜんとする。世界に向けて安倍首相は日本の安全を宣言した。汚染水問題の解決を公約した責任は重い。（中略）招致関係者の晴れ晴れとした表情と、被災者の生活への不安を含んだ苦悩の表情のコントラストがあまりにも強く、私の心は晴れない。五輪の陰に隠れて復興がさらに遅れることが懸念される」（同9月28日の読者コラム「座標」から）。

それでも、期待する声は見られた。被災地復興を進めてほしいという切なる願い、大震災の発生当時に世界各国からボランティア、政府派遣の救援・医療チーム、多大な支援物資などが送られ、助けられたことへの感謝と恩返しの思いが、東北の人間にはあるからだ。

「2011年の東日本大震災では、福島第1原発の炉心溶融事故が起き、チェルノブイリ原発事故を世界中に思い起こさせました。風評被害や安全不信がないとは思えません。日本の技術力で、福島ではかくも処理され安全性が確保されているという姿を世界の人たちに示してほしいものです。福島の復興亡くして今回の震災の復興なし、との政治家発言を裏付けてほしいものです」（14年11月7日の投稿から）、「東日本大震災を経験した者として、世界中の方々に対しての感謝の気持ちは今も持ち続けています。復興した姿を見せる場が6年後の東京五輪だとあらためて感じます」「東日本大震災を経験した者として、世界中の方々に対しての感謝の気持ちは今も持ち続けています。復興した姿を見せる場が6年後の東京五輪だとあらためて感じます」（同日の投稿から）。

誰のための復興五輪か

しかし、2015年3月10日、大震災発生から丸4年を機に紙面で特集された、東北大災害科学国際研究所と河北新報社が宮城県内で行った被災者アンケートの結果は厳しい内容だった。復興状況と被災者の意識の推移を検証する試みとして震災2年目から継続されている調査で、テーマの一つは「この1年間で不公平に感じたこと」。被災者たちの「納得度」の高かった問題として「復興を妨げかねない東京五輪」（81・0％）が、「行政の対応」（100％）、「復興予算の使われ方」（90・6％）、「農漁業に偏る支援」（87・5％）、「住宅価格高騰と工期の遅れ」（85・7％）、「報われない自力再建」（83・3％）、「自立を妨げる過剰な支援」（82・5％）、「復旧やまちづくりの偏り」（82・4％）、「非被災地からの企業流入」（同）とともに並んだ。

調査の設計と集計を担当した東北大災害研の佐藤翔輔助教（災害社会情報学）は記事で、東京五輪に対する被災者の意識を「自宅が全半壊した被災者では不公平に感じる事柄が変化し、住環境に関する不満が上位に集まった。不満は身近な事柄に向きがちだが、『復興を妨げかねない東京五輪』は異質だった。2020年の東京五輪開催を被災者は、必ずしも歓迎していないのではないか」と分析した。

安倍晋三首相はその後も東京五輪についてアピールを続けてきた。「日本各地の豊かな地域資源を積極的に活用し、事前キャンプの誘致やスポーツ・文化イベントの開催などで、大会の効果が日本全体に波及するよう取り組んでいきたい」「東日本大震災の復興五輪として、見事に復興を成し遂げた姿を世界に向けて発信したい」（2015年4月1日の参院予算委員会で）。しかし、そのメインスタジアムとなる新国立競技場建設計画が、あまりの巨額にしてずさんな建設予算見積もりから7月17日、首相自身の白紙撤回表明に追い込まれ、華やかにお披露目された公式エンブレムもネットユーザーらによる盗作疑惑追及で同じ末路をたどった。

一連の問題を機に東北の被災地では、首相が語ってきた「復興五輪」という看板と現実とのギャップに疑義が高まった。2015年5月には復興庁が、大震災後の集中復興期間（5年間）を延長せず、16年度から5年間の復興事業予算規模の縮小とともに、被災地自治体の財政的自立を迫って地元負担を求めることを発表。事前の復興状況の聞き取りもせずに事を進める霞ヶ関の姿勢に、被災3県の各自治体が反発の声を挙げたばかりだった。

以下は、その後の紙面に載ったコメントだ。

「もともと東日本大震災の復興需要で資材が不足し人件費も高騰していた。にもかかわらず震災復興を旗印に猛進した東京オリンピック誘致だった。今ごろになって、費用や工期が見積もりと大きく違っていたとなると、『だいじょうぶだぁ』式の計画だったのかと思う。こんな感覚で大丈夫なのだろうか」（2015年5月30日の投稿から）、「そもそも当初から、東日本大震災後、資材も人手も不足する中での五輪関連工事は、復興事業に悪影響を与えるのではないか、との懸念があった。五輪を国民的イベントと位置付け、復興に弾みをつけるというのであっても、国民の理解を得られない施設に莫大《ばくだい》な税金を投入するのはおかしな話ではないか」（同7月18日の投稿から）、「被災地が復興していないのに、東京五輪などに多くの予算が使われます。沿岸で工事に携わる人たちは、そちらへ行ってしまわないでしょうか。被災者のことを考えているとは思えません」（同9月28日の投稿から）。

東京五輪のために風化さえ進んでいる、という声もあった。「政治家の『復興第一』は口先だけで大臣が代わっても期待できない。東京五輪などで福島の被害は忘れられつつあり、実行力があれば誰でもいい」（同10月9日、復興大臣交代の記事中のコメントから）。

それでは、「見事に復興を成し遂げた姿を世界に向けて発信したい」と安倍首相が打ち上げた被災地の「復興」の現状はどうか。東京五輪がどう語られているか。福島の被災地で取材を重ねながら耳を傾けてみた。

飯舘村比曽から問う

「戦後70年」と安全保障関連法案、九州電力川内原発の再稼働に世論が揺れた2015年の夏、筆者は福島県飯舘村に通っていた。東日本大震災と福島第一原発事故が起きた2011年以来、取材の縁を重ねた村の人々から聴いたのは、「どうやって帰れというのか？」という戸惑いと疑問の声だった。政府は6月12日、福島の復興指針（原子力災害対策本部「原子力災害からの福島復興の加速に向けて」）の改定を閣議決定し、「帰還困難区域」以外の原発事故被災地の避難指示を17年3月までに解除する方針を打ち出した。古里を離れて暮らす住民にとっては、「帰るか、否か」を選択するタイムリミットを切られた形だった。対象外の帰還困難区域を除くと、2017年3月までに、帰還するか、古里と離れて再出発をするか、最終選択を迫られる避難者は約5万4800人に上る。

福島第一原発から20キロ圏外にある飯舘村は、拡散した放射性物質で被災して「計画的避難」を指示され、11年5月から全住民（約6700人）が福島市や近隣市町村などで避難生活を送ってきた。14年春からは環境省による全村の除染が始まり、先行した住環境（家屋と周囲）除染が終わって、現在は農地約1700ヘクタールの汚染土をはぎ取る作業が進む（10月末で45％）。各地区で出合うのは

避難中の農家たちが「砂漠」と呼んだ除染後の農地＝2016年8月5日、福島県飯舘村

フレコンバッグの黒い山々の風景だ。

ここで紹介する比曽地区は村南部、村唯一の帰還困難区域である長泥に隣接する。住民の声を、河北新報社会面の連載「飯舘村・比曽から問う　２０１７年3月の避難指示解除」（15年8月）で伝えた。取材場所の比曽地区は、浪江町との境にある同村唯一の帰還困難区域、長泥地区と接し、居住制限区域の中で最も高線量の地区の一つだ。前年春から環境省が家屋の除染を行ってきた。

しかし、放射性物質が濃く残存し、落ち葉から土壌にも染み込んだ屋敷林や裏山の除染が問題になった。環境省の基準では「林床の堆積物を除去する」だけ。地元の比曽行政区が自主的に取り組む全戸の検証測定の結果、木立に面した裏手の空間線量が、政府が避難指示解除要件とする年間20ミリシーベルト（毎時換算で2・28マイクロシーベルト）をはるかに超える家が続出した。

震災前から住民活動が盛んだった比曽の行政区は独自に除染協議会を設け、除染の効果を検証する測定活動を行ってきた。その結果、家屋除染を終えた大半の家で、玄関側の線量は1マイクロシーベルト前後に下がったが、居久根《いぐね》と呼ばれる屋敷林や山林に面した裏手で、3～4マイクロシーベルト強の数値が並んだ。同じ家でも別世界の様相だ。

環境省の除染は、家の居久根や裏山では林床の落ち葉など堆積物を除去するのみで、はぎ取りを行わない。「斜面が多く、土砂崩れを起こしやすい」との言い分だ。しかし、防風林を研究し、住民と一緒に居久根を調査する辻修帯広畜産大教授は「木々の葉が落ちて林床で分解すると、放射性物質が葉から離れ、雨水で腐葉土層の下まで浸透する。原発事故から4年余りを経過すればなお、表面の堆積物除去だけでは足りない」と分析した。

集落の墓地と対峙した除染土袋の山。住民の帰還への思いに現実が重くのしかかった＝2016年1月12日、福島県飯舘村比曽

比曽行政区は「高線量の実情に応じた再除染を」と要望を重ねるが、工程を急ぐ環境省側は形ばかりの試験を行っただけ。「農家は家にこもって生きられないんだ」と、測定調査を担った菅野啓一さん（60）。２０１２年9月、自宅の居久根の除染実験を行い、林床を深さ十数センチはぎ取り、高さ10メートルまで枝を切り、９マイクロシーベルトだった線量を8割減らした。「17年3月の期限と住民の安全とどちらが大事か」と疑問を投げ掛ける。

除染協議会のメンバー菅野義人さん（62）は14年11月、環境省からの仮々置き場の借り上げ要請に反対した。「優良農地に置かれては復興を妨げ、見た人は帰村意欲をなくす。別の場所はないのか」。せめて3年の期限をつけないと、居座られる懸念があった。

予想は当たった。今後の除染工事において、比曽など17地区で「避難指示解除」期限の２０１７年3月を超えて数年間、農地除染とその後の地力回復作業が長引くことが分かったのだ。さらに、汚染土のフレコンバッグの山は同県双葉、大熊両町に建設される「中間貯蔵施設」に完成後、搬出される計画だが、15年11月14日の河北新報に以下の記事が載った。

「環境省は13日、建設予定地の地権者２３６５人のうち10月末までに新たに5人と契約し、計14人になったと発表した。（中略）連絡先が把握できていない地権者はいまだ約１０５０人おり、うち約５９０人は死亡。連絡先を把握できた約１３２０人のうち約６００人は評価額算定のための現地調査を済ませたが、算定に時間がかかり、大半が提示できていないという」。汚染土は比曽だけでなく村内、被災地全域に無期限に居座る可能性さえ出てきた。

帰るも去るも自己責任

「17年3月をもって帰れと言われて、生業の再開、地域の再生をどうしろというのか。政府はまず、放射線量を安心して帰れるレベルまで下げる除染をして、その上で仮々置き場を撤去し、避難指示を解除するのが筋道ではないか」。15年5月にあった比曽地区の住民と村幹部の行政区懇談会では「戻る人は年寄りが多く、このままでは姨捨山《うばすて》になる」という訴えもあった。政府は「復興」を1日も早く宣言しようと筋道を切り離したのか、その先にあるのが「復興」を看板に掲げた東京五輪なのか、と義人さんは問う。

「除染も計画通りには進んでおらず、最近では除染の範囲の縮小、方法の後退が現場では伝えられている。政府は一方的に避難指示解除の日時を設定したが、地区の真ん中の水田にフレコンバックが積まれたままでは、どのようにして地域再生を図れるか？　このままでは帰還するのは60代以上が中心で、次代を担う若者にどう地域を継承してもらえるか、話し合いもできず、暗中模索の状態だ」

こうした飯舘村の実情を含めて被災地の現実と声を、河北新報をはじめ被災地のメディアは切れ目なく報じている。被災地の南も北も、新たな問題が山積し続けているからだ。

全住民が避難した自治体では、既に楢葉町が15年９月５日に避難指示を解除された。町がその４日後に確認したところ、住民の滞在数は１２７世帯（全世帯数は３５４２）で解除前と同様だった。解除直前の河北新報の連載「４年半の重み　楢葉　全町避難解除へ」では、同町内の小中学校の保護者の意向調査で「再開時に通学する」と回答したのが36人（総計５３８人）だったこと、２０１６年のコメ作付けを希望する農業者が８３１人中わずか20人であることなどを伝えた。やはり水田には仮置き場が残され、神奈川県から避難後初めて墓参に訪れた男性の「娘が『あの黒い袋は何なの』と驚いていた」という話も紹介された。住民の不在中に傷んだ建物の解体は約１１００軒（母屋が約５００軒）に上り、ＪＲ竜田駅近隣の行政区長は「３分の１の家がなくなるかもしれない」との憂慮を語った。筆者も解除後に訪ねた現地は雑草に覆われ、人の姿があるのは解体工事の現場だけだった。

帰還の可否は「避難指示が解除されたとしても、個々の住民の方々が故郷に帰還するか否かは、それぞれの様々な事情により判断がなされるものであり、国が避難指示を解除したことをもって、住民

家屋解体の現場以外、人の姿が見えない福島県楢葉町の通り＝2015年9月14日

の方々に帰還を強制するものではない」（政府の「原子力災害からの福島復興の加速に向けて」改訂版より・15年6月）と、住民の自己責任に帰する姿勢だ。

「『アンダーコントロール』と首相は言ったが、アンダーコントロール状態にされているのは国民の方ではないのか？」

こんな言葉を２０１５年11月、福島県浪江町と南相馬市にまたがる「希望の牧場・ふくしま」代表の吉沢正巳さん（61）から聴いた。原発事故後の11年5月、20キロ圏（警戒区域）の全住民避難から取り残された畜産農家の牛たちに政府から殺処分指示が出された時、それに抗って牧場にとどまり、３３０頭の牛を守り抜いた。

現在も高線量の帰還困難区域のただ中だが、全国から餌の牧草などの支援をもらいながら世話を続け、「牛たちは原発事故の生き証人。何も終わっていない」と訴える。

「あの時、農水省のある役人は俺に向かって、牛たちを『生きたがれき』と言い放った。だから殺処分にして片付けろ、と。『棄蓄』は被災地の『棄民』にもつながる。原発事故を忘れさせ、東京五輪への関心にすり替える政府のキャンペーンも始まっている。多くの国民は東京からわずか２００キロ余りにある被災地の現実を見ないように、あるいは見ないふりをしている。原発は『絶対安全』という神話のバベルの塔だったのに。原発再稼働に続いてそのうち、東京五輪に意義を唱える者は『非国民』という空気がつくられていくのではないか」

福島県の住民で県内外に避難している人は計10万６１８７人（２０１５年９月10日現在）。南相馬市では、原発事故前の人口の４分の１が離れたままだ。県外避難者は４万４３８７人に上るが、同県の意向調査で「古里に戻りたい」との回答は19・８％だった。予算、マニュアル、建設業者の３要素に目標年数を掛ければ、物理的に「復興」という解に至る、というのが政府の姿勢に見える。後は「帰るも去るも自己判断、自己責任」であると。

五輪景気で震災を幕引き

飯舘村の菅野さんにとって復興への道筋とは、一人ひとりの声から始まる不安の除去、暮らしの環境と生業、共同体の再生への支援であり、それが「何のため、誰のための復興か」の答えだ。「政府は『復興』を早く宣言しようと、その筋道（除染と仮置き場撤去をした上での避難指示解除）を切り離したのかと菅野さんは問う。宣言の先にあるのが『復興五輪』か」

連載「飯舘村比曽から問う」の最終回の末尾にある一文だ。この部分に、河北新報オンラインニュースで記事を読んでくれた方から指摘をいただいた。

「最後の『復興五輪』の一言はいらなかった。事実を淡々と伝えてほしかったのに、急にオピニオンが入り、仮定の話を事実の中に混ぜて伝えることに違和感がある」という内容だった。その通りであり、筆者も迷い、考えた末に記した言葉だった。読んでもらえたかどうかは不確かだだが、次のようなコメントをお返しした。「これは、お話を伺った方々が、忘却されることへの不安と悔しさとともに語っておられた言葉で、どこかに記録しておかなくては、と思いました」

震災に早く幕を引き、「復興」を東京中心の五輪景気に置き換えようとしているのが、政治の流れではないか――と、飯舘村から南相馬市、石巻市まで、筆者が取材している人々が共通して疑い、その時間とともに「被災地は忘れられていくのではないか」という不安を訴える。ずさんな見積もりで総工費が2520億円にも膨らんだ新国立競技場計画、さらには盗用騒ぎによる公式エンブレムの相次ぐ白紙撤回というお粗末なニュースに、「『復興五輪』という言葉も、もう使ってほしくない」と語る人もいる。以下の文は、9月9日の河北新報「声の交差点」に載った投書の一節だ。

「前回（1964年）の東京オリンピックには、大戦後のわが国の驚異的な復興ぶりを示すという大義があった。だが、今回はそれが見当たらない。むしろ、なぜ、いま、これほど巨額の経費を掛けてまでオリンピックを開催しなければならないのか。東日本大震災からの復旧・復興、またそれ以外にも、お金を掛けるべき事柄が山積しているのではないか。そのような疑問を抱く。あらためて問題視すべきなのは、招致の段階で安倍晋三首相が、福島第1原発事故の汚染水は『コントロールされている』と大見えを切ったことだ。『何を根拠に』と、その虚言に驚いたものだ」

大震災で被災した東北・関東5県の水産加工業者を対象にした水産庁のアンケートで、売り上げが震災前の「8割以上に回復した」との回答は40％にとどまる――との記事も、2015年3月7日の河北新報に載った。「壁」となっている理由は、市場の喪失と回復の遅れ、風評被害、人材確保難。

被災地の産業再生はまだ空洞化したままで、「除染の工期が終われば、予算も業者も、地元の働く人も東京五輪へと雪崩を打って向かうのではないか」という危惧も筆者は耳にした。高度経済成長期の象徴だった１９６４年の東京五輪の建設ラッシュが生んだ、東北からの「出稼ぎ」の風景のよみがえりさえ、現実となりかねない。

最後に、河北新報に載った宮城県内の中学生の投稿を紹介する（２０１５年10月４日）。

「5年後、２度目の東京オリンピックが開催される。開催前に、新国立競技場やエンブレムなど多くの問題が浮き彫りになった。新国立競技場の建設計画は白紙に戻った。エンブレムはまさかの『パクリ疑惑』。

そこに安全保障関連法の可決も重なった。各地に『暴挙だ』『アベを許すな』『退陣へ追い込め』という声があふれている。政府と国民が対立し、外交の問題も抱え、被災地の復興も進まず、さらには火山活動が活発化している。怒りを通り越して、諦めの気持ちを抱く人も多いだろう。

5年後というと、私は20歳。成人の年でめでたいはずだが、不安で仕方がない。今はまだ中学生とはいえ、現在の日本の状態から考えて5年後にオリンピックを開催するのはいかがなものかと思う。首相や大臣などが代わってどうにかなる問題ではないと思う。むしろ、激しく押し寄せる批判を乗り越えてこそ、『政府』が国民の信頼を取り戻すよい機会になるのではないかと、私は思う」

大震災は来年3月11日で丸5年。大手メディアも最後の「記念日報道」をして忘れるのか、と現地の人々は話す。「風化、風評」も、情報の流通が止まることから加速して「壁」に育つ。被災地の声を伝え続けねばならない。

4 「復興加速」と真逆の風景広がる 被災地に遅発性PTSD多発の懸念も

２０１6年11月

「買い物にいく人、立ち話をする人が見えたり、ようやく住む人の気配は戻ってきたよ」。宮城県気仙沼市鹿折《ししおり》地区の「かもめ通り商店街」にあった老舗の店・自宅と義父母、夫を２０１１年3月11日の津波で失い、同年秋から取材の縁を重ねてきた酒店の60代の女性店主が近況をこう語った。

気仙沼港の北に広がる鹿折地区では、高さ7メートルの津波で地区の6割に当たる約３６００戸がほぼ全壊し水没。３メートルのかさあげ工事、42ヘクタールの土地区画整理事業が進められてきた。水産加工場や給油所、仮設商店街がぽつぽつと営業し、計２８４戸が計画された災害公営住宅の6棟が7～9月に入居開始となった（7棟目は年末）。女性店主が語ったのは災害公営住宅の入居者の姿。市内の被災地から集まった人々の多くが年配者で、独居も多く、失われた我が家とあまりに違う鉄筋コンクリート４、５階建ての集合住宅に落ち着かない様子だ。

「（入居前の）仮設住宅は楽しかった。皆で助け合って、元気でいられた。語り合える人が誰もいなくなったいまは寂しい」。災害公営住宅の近隣に年末、店を再開する予定で建築現場に通う女性店主

津波で街並みが失われた後、広大な土地区画整理事業が続く気仙沼市鹿折地区＝2015年12月28日

は、一変した環境に戸惑う新住民の高齢者からこう話を聞かされる。「部屋は新しくてきれいでも、鉄のドアを閉めたら孤独。誰かが外へ呼び出さないと」

「高齢社会の未来映す　被災３県災害住宅　65歳以上38％」。東日本大震災から５年半に当たる９月11日付河北新報に載った特集の見出しの１本だ。１月に発表された２０１５年国勢調査（速報値）では既に岩手、宮城、福島の被災３県で、沿岸部と東京電力福島第一原発事故の避難指示区域となった自治体の計42市町村すべてで、人口減少が明らかになった（平均減少率は４・１％、最大は宮城県女川町の37・０％）。河北新報社の調査でさらに、「復興」の象徴である災害公営住宅の入居者（計３万４５９７人）のうち65歳以上の高齢化率が38・９％に達したことが分かった。鹿折地区のある気仙沼市を見ると、災害公営住宅の高齢化率は42・４％（市全体では35・４％）、独居率は29・３％に上る。もともと東北で進んでいた人口減に加え、地域の高齢化が一気にあらわになった。

災害公営住宅整備の進捗は3県で6割前後に進んだが、整備目標の達成がゴールではなく、そこから被災者がどう生き直し、地域がどう自立できるか、という問題は未解決のまま続いていく（1994年の阪神淡路大震災後に建てられた兵庫県内の災害公営住宅では、高齢化率は15年で50・8％［01年が40・5％］、独居率も46・9％に達する）。

鹿折地区では、前述の旧かもめ通り商店街の有志の18店舗が入った仮設商店街「鹿折復幸マート」が8月末、市の定めた退去期限が切れて閉鎖され、引き続き現地に残って自力再建するのは米穀店、鮮魚店、衣料品店、食堂など現時点でわずか6店舗ほどだ。災害公営住宅の新住民との一からの共生となるが、多くの人は暮らしを年金に頼り、津波で消滅した地元商圏の再生はもはや困難。懸念されるのは、政府のスローガンになった「復興加速」とは真逆の地域の衰退加速だ。災害公営住宅入居者のうち生活保護受給割合が被災3県全体の平均の約2・3倍もある（9月13日付同紙）という生活困窮、貧困の未来図とともに、孤立と孤独死から住民を守っていく支援態勢も手つかずという状況がある。冒頭で紹介した女性店主は、再建する店にミニホールを設ける予定だ。「公営住宅の四角い部屋を出て集ってもらい、お互いに新しい鹿折の仲間になっていきたい」と願う。

大震災から5年半を過ぎて、見えなくなった問題は被災者の心の中にもある。9月10〜11日の同紙連載「被災者いまだ癒えず　精神科医・蟻塚亮二が診た心の傷」は、福島県相馬市で12年から住民の精神医療支援を行う診療所院長の経験を紹介し、「遅発性ＰＴＳＤ（心的外傷後ストレス障害）が、これから多発する恐れがある」との危惧を伝えた。

津波や東京電力福島第一原発事故との遭遇、そして避難という過酷な体験が心に深い傷（トラウマ記憶）を残し、その傷口が事あるごとに開いて、うつや不眠、身体の障害を引き起こす。蟻塚医師はそうした症状を訴える来院者を２千人以上診療し、「震災から２年以上過ぎてから発症した人が多い」ことを突き止めた。前任地の沖縄で同様の症状に苦しむ多くの高齢者と出会い、対話を重ねる中で、凄惨な沖縄戦が刻んだ心の傷からの発症だと気付いたという。

「仮設住宅の緊張を離れて環境が変わるころ、忘れていた痛みがぶり返す。『心の災害』は続いており、悲しみを語る場、聴いてくれる関係が必要なのはこれからだ」

東北の被災地で、人々は長い避難生活からの「帰還」を始めたばかり。生き直しの道をいまだ模索中だ。４年後の東京五輪を掲げて政治が演出する「復興加速」の向こうに見えなくなる問題を、いかに可視化し続けていくか。地元紙の震災報道もまた正念場にある。

5 「町おこし」でなく「町残し」避難解除とは何だったか

２０１７年11月

東京電力福島第一原発事故から7年目の被災地、福島県浪江町。3月31日に政府の避難指示が解除（帰還困難区域を除く）された町中心部を8月下旬に訪ねた。再開されたＪＲ常磐線浪江駅前や商店街に人の姿はほとんどない。震災で傾きかけた店や家屋が残り、目立つのは解体工事と更地、雑草。その町並みの内側にも、目に見えぬ荒廃が広がっている。

4年前から取材してきた町民に、避難先での苦労の末に南相馬市で起業をした元鉄工所経営者の八島貞之さん（49）がいる。被災家屋の損壊状況を調査する「応急危険度判定士」として古里に毎週通っており、「避難指示解除のニュースを見た遠方の人は、『もう帰れるね、復興するだけだね』と思っただろう。だが、本当の現実を知ってほしい」と聴かされて、調査に同行させてもらった。

震災当時の姿で崩れかけた商店街＝2015年8月23日、福島県浪江町

家屋は動物に荒らされて

商店街にある老舗の時計宝飾店は、家主の避難中、陳列棚を壊されて商品を盗まれ、ガラスが散らばりネズミのふんも臭う。次の民家ではイノシシが庭を歩き回り、屋内の家財道具が散乱し、雨漏りで天井が腐っていた。３軒目の民家は、勝手口のアルミ戸をイノシシに壊され、ハクビシンなどが餌をあさって足の踏み場もないほどに荒らした。

双葉郡の楢葉町、富岡町も含め約２千軒を調査してきた八島さんは「荒廃ぶりはもっともっとひどい。大半が解体相当だった」と言う。痛ましいのは、いわき市など避難先から遠路、調査に立ち会った家主たち。原発事故直後「すぐ戻れるものだと思った」と、着の身着のままで転々と避難する間、政府の避難指示とともに帰還も家財の持ち出しも不可能になった。時計宝飾店の70代の家主夫婦は長い避難生活の末、やむなく

無人の浪江町内を巡り、家屋調査する八島さん＝ 2017 年 8 月 23 日

郡山市に中古の家を買い、「（後継者の）息子の家族も関東で生活を始め、商店街の隣人も戻らず、もう再建も商売も無理」と語った。別の家主は「解除になり、家の再建に補助金を出すと町が呼び掛けた。いったんは諦め、また希望が湧いたが、家のありさまを見ると考えは揺らぐ」。

登録人口は1万8102人の浪江町で、避難指示解除から半年後の9月末の帰還者は360人。町は役場隣の仮設商店街（10店舗）や国保診療所、計80戸の集合住宅も設けたが、現実に商業や生活基盤は消滅したままで、店舗や家々の内側に広がった荒廃が直接的な理由として、住民の帰還を阻み断念させている。町は来春、小中学校を再開するが、対象の家庭への意向調査では「通学させない」が95％に上る（8月23日の河北新報から）。

自転車3台とバイク2台。町に戻った78歳の自転車販売店主の半年の売り上げだ。「在庫処分のようなもの。80歳になったら店を畳む」という諦めを、7月21

日の同紙連載「福島　遠いにぎわい」が伝えた。先に紹介した同町内の動物被害も「荒れた河川敷はイノシシのねぐらに変わり、民家周辺は格好の餌場となった」「16年度、６５９頭が捕獲された。前年より４００頭近く増えた」（9月2日の同紙連載「福島　鳥獣対策最前線」より）。

幕引き図りたい政府

浪江町の面積の8割は帰還困難区域。町は同区域にある3地区を今後除染して「復興拠点」を設け、住民の帰還を促すという。完成時期はさらに遠い5年後だ。5月11日の同紙のインタビュー記事で馬場有《たもつ》町長は、避難指示解除時期に異論もあったことを認めつつ、「これ以上遅れれば再生は困難」と語り、もはや「町おこし」でなく「今は『町残し』の作業が求められている」との選択肢しかない現状を語った。

急激な人口減による町財政の破綻も懸念され、「職員の人件費も賄えなくなる」という危機さえこの先に待つ。4月、当時の今村雅弘復興相が、避難者が帰還するもしないも「本人の責任」と発言し、放言を重ねて辞任した。渦中で安倍晋三首相も「福島の復興なくして東北の復興、日本の再生もない」と被災地向けの決まり文句で陳謝したが、避難指示解除を境にした政府の幕引き姿勢は明白だった。浪江町の「何も終わらない」現実が報じられる機会も、今はほとんどない。

6　トリチウム水に懸念深まる福島
解決の責任を国は果たすべきだ

２０１９年３月

　２０１１年３月の東京電力福島第一原発事故から８年後の今も、全国で大半が運転を停止中の原子力発電所。その再稼働を「どんどんやるべきだと思う」と語ったのが中西宏明経団連会長。１月15日の定例記者会見をマスコミ各社が報じた。時事通信によると、発言はさらに「再生可能エネルギーだけで人類が必要とするエネルギーが賄えるとは思わない」などと続いた。中西氏は原発メーカーである日立製作所の会長。安倍政権が「成長戦略」と位置づけるが、官民で推進した海外での原発建設話が相次ぎ頓挫し、その焦りにも聞こえた。

広がる「中央」との溝

　本当に再生可能エネルギーは未来を託すには頼りないものなのか。原発事故以来、筆者が取材の縁を重ねる南相馬市の太田地区。「原発にもう依存しないエネルギーを地域でつくり、地元の復興に活用するんだ」と、農家の奥村健郎さん（62）から聴いたのは13年だ。

福島第一原子力発電所の20キロ圏と接する水田地帯。自主避難から戻った農家らが生業再生に取り組む中で、再生エネルギーを研究する市民有志と「原発と無縁の太陽光発電と農業の共生モデルをつくろう」と計画。奥村さんの土地に同年８月、太陽光パネル群の下でも日光を受け、作物栽培をするソーラーシェアリング方式の「再エネの里発電所」を造った。大豆やナス、カボチャ、ブドウなどの試験栽培が成功し、奥村さんらは社団法人「えこえね南相馬研究機構」を設立し国の助成も受けて15年、農地と共存する発電所をさらに８カ所、市内各地に完成させた。

長引く汚染水問題を懸念しながら、ほそぼそと試験操業を続ける福島の漁業者＝2017年3月13日、相馬市松川浦漁港

南相馬市も被災地の自治体として「原子力に頼らない再生可能エネルギー推進ビジョン」を12年に掲げた。津波で被災した海岸部に大規模太陽光発電施設を誘致。昨年末まで３カ所が稼働し、「発電量が本年度、企業や一般家庭を含む市全体の消費電力の約50％に相当する」（1月11日の河北新報）という。11年後に１００％を達成する計画だ。政府・原発メーカーのタッグと対照的な官民の取り組みだが、「脱原発」はしっかりと地域に根付いている。中西会長の「どんどんやるべき」発言を知った奥村さんは、「そんな根拠のない話はもう通用しない」と語った。震災後８年、被災地と

「中央」の意識は絶望的にまで隔たる。

漁業復活に再び暗雲

いわき市四倉《よつくら》町の創業70年近い老舗魚店。3代目の大川勝正さん（44）を取材したのは昨年9月。福島第一原発事故は35キロ北にある。汚染水流出が報じられる度に再燃する風評にあらがい、「地魚の食文化を復活させたい」と地元の試験操業で揚がる魚介を商品棚に並べ続けてきた。贈答品の注文がゼロになった東京など首都圏での物産展でも地魚の加工商品を売り込む。「売り上げは回復途中だが、東京でも風評を感じなくなった。7年半でここまできた」と、積み重ねた努力の実りを手にし始めた時だ。地魚一筋の魚店をはじめ、福島県浜通りの人々に暗い影を広げるのが原発構内の「トリチウム」の廃水。その処分方法は論議の途上で、一つ誤れば、被災地の復興を後戻りさせる恐れすらある。問題はここでも、地元の懸念を想像しようともしない「中央」の意識の乖離だ。

大川さんを初めて訪ねたのは13年8月。東電が福島第一原発から海への長期の汚染水流出を明らかにし、深刻な風評が広がった。原発事故後の漁自粛から再起を懸け、浜通り北部の相馬双葉漁協が県の監督下で試験操業（調査で安全を確認した魚介を限られた量だけ漁獲、出荷）を始めて1年余り。風評が出荷先での値崩れを呼び、3年ぶりの海開きをしたいわき市四倉海水浴場の人影も消え、内陸の福島盆地の桃までも売り上げが激減。「風評払拭が振り出しに戻った」と言われた苦境が県全体を巻き込んだ。「それでも前に進むしかなかった。地魚専用の売り場をつくり、店から客に発信した。自然に日常の暮らしの風景に戻っていくように」。大川さんは当時からそう話し、懸命の努力を重ねてきた。

今、試験操業は順調だ。解禁された魚介は約１００種に広がり、「昔から水揚げされていた地魚の顔ぶれが復活した」と大川さん。浜通りの魚はヒラメを代表に品質の良さで「常磐もの」と呼ばれ、東京の市場などで再び高値で取引されるようになった。福島県漁連は「マリン・エコラベル・ジャパン」という認証も取得。持続可能な漁業の取り組みと「安全」を認証する民間の制度で、不毛な苦闘を強いる風評払拭への後押しと関係者は期待している。日本近海で魚の漁獲が減り、東北でもサンマ、サケ、イカの不漁が続くが、「福島の海では逆に漁自粛や試験操業が魚を増やし、育てた」と大川さん。漁業復興への努力が実を結ぼうとしている矢先に、現実化した危機がトリチウム処分問題だった。

海洋放出案めぐり論議

トリチウム（三重水素）は半減期12年の放射性物質。水に溶け込んだ状態で存在するため分離が困難で、福島第一原発の汚染水処理で稼働する多核種除去設備（ＡＬＰＳ）でも除去できない。東電は処理後のトリチウム廃水１００万トン近くをタンクに保管するが、その処分方法をめぐり、海洋放出案を提起したのが原子力規制委員会。トリチウムは国内外の原発で発生し、希釈して海に流すのが通例として、第一原発の廃水も「放出を認めざるを得ない」と、田中俊一前委員長が13年10月の国会で答弁（同８日の河北新報）。以後も「技術的に見て、希釈廃棄しかない」（14年12月25日の同紙）との発

福島第一原発の汚染水流失事故後、怒声の中で開かれた政府、東電の漁業者への対策の説明会＝2014年3月14日、相馬市松川浦

言を重ねた。政府も処分方法を試算し、16年4月、①深い地層に注入、②海洋放出、③蒸発、④水素に変化させて大気に放出、⑤固化またはゲル化して地下に埋設――の5案から、海洋放出が「7・3年で34億円」で最も短期間に低コストで処分できる、とする結果を明らかにした（同月20日の同紙）。

政府の動きに、海洋放出を認めない立場を鮮明にしたのが福島県漁連で、「トリチウムが海に出れば風評ではなく実害になる」（野崎哲会長）との懸念を表明した（同28日の同紙）。処分方法の絞り込みを議論する政府の小委員会でも、風評問題に詳しい関谷直也東京大特任准教授は「福島の漁業はまだ試験操業の段階」「東北の漁業が特殊な状態にあることを認識すべき」と海洋放出に慎重さを求めた（16年11月12日の同紙）。福島県の漁業復興に関わる濱田武士北海学園大教授は、河北新報への寄稿（同21日）で「消費者や、宮城、茨城など近隣県の漁業に与える負のインパクトは計り知れない」「国が全責任を負って国民に理解される対策を講じるべき」と、福島への影響を超えた問題性を訴えた。

海洋放出の結論を急ぎたい政府と、「風評再発」を恐れる地元や研究者の現実認識は正面からぶつかった。だが、被災地の声に耳を傾ける姿勢は政府側に見られず、更田《ふけた》豊志・原子力規制委員長は自ら福島県浜通りの自治体を巡り、「海洋放出する以外に選択肢がない」「意思決定をしなければならない時期に来ている」と首長らに伝えて歩いた。方針決定への地ならしでもあったのか。

そして、18年8月に福島県富岡町、郡山市と東京都内で催された初の公聴会。地元の住民ら計44人が発言に立ち、海洋放出案への容認意見は1人だった。「県漁業に致命的な打撃を与える」という野崎県漁連会長以外にも、海洋放出への不安や、タンクでの長期保管を訴える発言者が相次いだ。伏線は公聴会に先立つ8月20日、処分対象の廃水にトリチウム以外にも排水基準を超えるヨウ素などの放射性物質を含むことが明らかになったことだ（更田委員長はそれでも「希釈すれば法令基準を下回るのは明白」と海洋放出を容認する発言をした）。一般の市民感覚として、安全か否かの「科学」以前の不信感、不安感が募った末の結果と思われた。公聴会を主催した政府の小委員会は、タンクでの長期保管をも選択肢に加えて無期限に継続検討せざるを得なくなった。

国が前面に出るはずでは

大川さんは、地元の友人たちも会場で聴いたという公聴会について次のように語った。「（膨大な量の廃水が）海に流され始めたら、終わるまでずっと、トリチウムの問題は全国、海外でも論じられ続けるだろう」。地元の人々が恐れるのは、風評払拭の努力が振り出しに戻った5年前の悪夢だといい、「国が『福島の復興』を政策に掲げるなら、『短期間、低コスト』でなく、復興の足を引っ張らない一番の方法を考え、選ぶべきではないのか」

なぜ福島の被災地が、原発事故の負の遺産をいつまでも背負わされ続けるのか――。トリチウムの処分をめぐる問題で引っかかるのは、その点だ。原発の開業も廃炉も、紛れもない国家事業であり、膨大な汚染水の処分もその重要な一環であるはず。国管理の一企業である東電でなく、政府自らが解決策を含めて責任を負うべきものではないか。濱田教授は前述の寄稿で次のように指摘した。「安倍（晋三）首相は汚染水対策を巡り『東電に任せるのではなく国がしっかり対策を講じる』（13年8月7日）と明言した。だが、その後も政府は東電の背中を押しているだけだ」。同感である。筆者も汚染水流出事故の度、地元漁協への東電の説明会で、経済産業省の担当者が「これからは国が全面に出る」と約束するのを聴いた。

トリチウム廃水の処分をめぐって、東電が不信感を買った背景の一つには17年7月、同社の川村隆会長が海洋放出への考えを問うた報道各社に、「（東電として）もう判断はしている」と明言し、多くの批判や抗議を受けた一件がある（同7月14日の同紙）。田中前原子力規制委員長から「東電には主体性が見えず危機感がある」「利害関係者である漁業者に向き合っていない」と早期の判断を促されての勇み足だった、と受け止められた。川村会長も日立製作所の出身。そもそも政府の原発政策と一心同体の立場なのかもしれないが、被災地の人々にどう「向き合う」べきか、想像が及ばないらしい点では、本稿冒頭の中西経団連会長と同様だったか。この問題をめぐる歴代原子力規制委員長の発言も果たして、「専門的知見に基づき中立公正な立場で独立して職権を行使する（中略）もって国民の生命、健康及び財産の保護、環境の保全（中略）に資する」（同委員会設置法）との趣旨にかなっていたのか。

さらに「利害関係者」が福島の漁業者と考えるだけでは解決しない現実も、「中央」の関係者には想像できないようだ。筆者は福島の隣、宮城県石巻市の漁業者からも、トリチウム廃水の海洋放出への不安を聞かされた。13年７月に分かった汚染水流出問題は、石巻の牡鹿半島が主産地である「ホヤ」の生産者にも大打撃を与えた。報道をきっかけに、ホヤの大消費地だった韓国が東北の被災３県を含む東日本８県の水産物輸入を禁止。韓国への出荷が水揚げの７割を占めたホヤは販路を失い、県漁協と生産者は生産過剰分のホヤの廃棄や水揚げ自粛を強いられてきた。政府は世界貿易機関（ＷＴＯ）に提訴して係争中だが、韓国の環境保護団体が「海には国境がない」とトリチウム廃水の放出反対の運動を繰り広げ、同国政府も「深刻な憂慮を表明した」――と18年10月８日の共同通信は伝えた。地元の漁業者らは自ら国内の販路開拓に挑んでいるが、風評は現実に被害をもたらし復興を遅らせている。

東電や原子力規制委の陰に隠れるように見える政府は、よもやトリチウム廃水の処分を、東電と福島の漁業者だけに解決させるつもりなのか。この問題の何よりも大きな問題は、再びの言及になるが、誰が責任者なのかが分からぬことだ。当事者は、福島や隣県のみならず、懸念を募らせる国民すべてだろう。筆者の知人である相馬市の漁業者は、「やっかいなトリチウムを20年の東京オリンピックの前に処分したい、というのが政府の腹なら、こちらに迷惑を掛けず、巨大タンカーに積めて洋上に保管すべし」と言う。むろん極論だが、「復興の足を引っ張らない一番の方法を考え、選ぶべき」なのが真っ当であろう。政府が全責任を負って国民に受け入れられる対策を、東電でなく、安倍首相が前面に出て語る時ではないか。

7 ホヤ輸出、希望絶たれた被災地 韓国にWTO敗訴、政府は責任を

2019年6月

「今年のホヤを、仲間と初めて水揚げする日だった。前夜から気になっていたが、まさか『日本敗訴』のニュースが流れるとは。信じられない、やばい、と皆で落胆した」

石巻市で特産のホヤを養殖する30代の漁業者が、4月12日朝の衝撃を振り返った。福島、宮城、岩手など東日本8県産の水産物輸入を韓国が禁止した措置をめぐり、それを科学的根拠のない差別だとした日本政府の訴えを、世界貿易機関（WTO）で紛争処理の「二審」に当たる上級委員会が退けたニュース。「一審」の紛争処理小委員会（パネル）が昨年2月に日本の言い分を認める判定を下しながら、それを破棄。日本は逆転敗訴となった。

市場喪失で廃棄処分

この漁業者はホヤ養殖の復興に取り組む宮城県漁協・谷川支所青年部のメンバー。2013年9月、

韓国は福島第一原子力発電所の汚染水流出問題を機に、原発事故後の水産物輸入規制を全面禁輸へ強化し、とりわけホヤ産地、宮城県の養殖漁業者が影響を被った。被災地の浜々は東日本大震災の以前、県産ホヤの７割を韓国に出荷していたからだ。厳しい安全基準の検査でも問題はなく、ＷＴＯの上級委員会による最終審理に禁輸解除の期待を託した。

ホヤの市場喪失の危機に、販路開拓を模索する谷川支所青年部のメンバー＝2018年10月18日、石巻市の鮫浦湾

ホヤの養殖は、幼生の採苗から出荷まで３～４年掛かる。津波で甚大な被害を受けた後、漁師らが辛抱して復活させたホヤは市場喪失で供給過剰となり、16年は約１万３００0トンの水揚げのうち約７６００トン、17年は約１万１７00トンのうち約６９００トンが廃棄処分された。危機にあって「若手が結束し、国内市場を開拓しよう」と16年９月、同じ地域に根差す漁師14人が結成したのが谷川支所青年部だ。筆者は14年７月６日の河北新報の記事「その先へ３・11大震災／荒波耐え待望のホヤ／味健在、加工品に活路」でこの漁業者を紹介して以来、ホヤをめぐる問題と青年部の歩みを重ねて取材してきた。

青年部をはじめ地元の期待も当然だったろう。「福島原発事故の水産物禁輸／『韓国の敗訴濃厚』／ＷＴＯ上級委／来月11日判定／地元報道」。19年３月12日の河北新報に、こんな見出しで韓国紙・朝鮮日報の内容を伝える共同通信のソウル発の記事が載り、同30日には共同のジュネーブ発で「福島などの水産物禁輸／ＷＴＯ上訴審　韓国が敗訴か」と「通商筋」の話を伝える記事が続いた。政府にもマスコミにも楽観視の空気があった。

「外交の敗北、油断」

敗訴が伝えられた4月12日。さらに地元が戸惑うような続報が、同日の河北新報夕刊をはじめ全国のメディアを巡った。「敗訴したとの指摘は当たらない」(菅義偉官房長官)、「食品の安全性は否定されていない」(吉川貴盛農相)という政府首脳の閣議後の発言だ。上訴審の報告書の詳細が伝えられぬ段階でそれらの発言を評価するすべもなく、「不可解だった」と冒頭の漁業者は振り返る。「敗訴は政府の失態。その理由の説明もなかった」。当事者たちは状況がつかめぬまま、翌13日の同紙に「再起するとき、韓国への輸出が念頭にあった。希望のともしびが消えてしまった」(県漁協関係者)、「禁輸措置は東京電力福島第一原発事故が収束しないからだ。東京五輪もいいが事故対応に本腰を入れてほしい」(同県女川町の養殖漁業者)と、失望と憤りの声をあふれさせた。自民党水産部会でも「外交の敗北だ。外務省は油断していた」など不満が相次いだと同18日の各紙が報じた。

責任を負うべきは誰か

報告書は公開されたが、外国語の上に膨大で、素人が読める代物ではない。これを検証し、「政府説明、ＷＴＯ判断と乖離」の見出しで報じたのが同23日の朝日新聞。「日本産食品は科学的に安全」「韓国の安全基準を十分クリアする」との一審の事実認定は維持されている――とする菅長官らの説明について、前者は一審の報告書に言及がなく、後者は上級審で取り消されていたのが事実という。その後、政府は報道に反論。同26日にあったＷＴＯ会合では、政府代表や他の参加国が紛争処理のあり方に懸念を表明したと各紙が報じた。が、振り回された被災地の当事者には何の救いにもならない。「ホヤ養殖業者の3分の2以上は廃業に追い込まれるのではないか」。前述の河北新報の地元反響にはこんな声も載った。今回の敗訴が被災地の復興の腰を折るのは明白だ。責任を負うべきは誰なのか。

ホヤだけではない。三陸ではホタテ養殖も復活したが、原因不明のまひ性貝毒が広がり出荷自主規制が長期化する。敗訴の影響で「漁業離れが加速しないか」という岩手県の漁協組合長の危惧も、4月13日の河北新報は伝えた。禁輸対象の魚介は28種あり、輸入規制を続ける国もまだ23カ国・地域に上る。福島も含めて、敗訴が東北復興の腰を折るのは明白。政府には当事者への説明と支援の責任がある。被災地の終わらぬ現実を、メディアも伝え続けてほしい。

8　10月に2度の記録的豪雨水害
東北の被災地報道に見えた「光と影」

2019年12月

誰も予想しない二重被災

10月25日の豪雨で、郷里の福島県相馬市が同月で2度目の豪雨水害に襲われた。知らせてくれたのは同級生たちのLINEの発信だ。「また来たよ、水」と最初の書き込みが午後10時過ぎ。福島、宮城両県に大雨特別警報が出され、仙台近郊の自宅で注視していると、「もう少しで床上（浸水）」「2週間前（同12日夜～13日未明の台風19号）より凄い」「2階に退避してます」「泥を片付けたばっかりだった」「災害ゴミをやっと処分したのに」と悲鳴のような発信が続いた。

夜から翌朝のテレビや新聞は、25日午前中から豪雨が降った千葉県などの水害のニュースが中心だった。降雨時間帯が関東よりも遅く夜間になった東北では、翌日朝から各マスメディアの被災状況の取材が始まり、東北のブロック紙河北新報の朝刊に「記録的豪雨／被災地　もううんざり／福島浜通り」という見出しが載ったのが27日。それまでに、相馬市では26日未明までの12時間降水量が22

9ミリと、10月の観測史上最大を記録していた。

前後するが、筆者が実家のある相馬市に入ったのは26日朝。情報源は前夜のＬＩＮＥと、住民発の数件のツイッターだけだ。既に台風19号襲来の折、街の中心部の南半分は川の氾濫で浸水被害に遭い、25日の豪雨では別の川が氾濫。北半分も濁流と泥にまみれた。筆者の記憶にある郷里の水害は１９５９年の伊勢湾台風の時。実に60年ぶりに被災し、家々・店々の家族が総出の片付けで疲れ切っていたさなか、誰も予想しなかった「二重被災」が起きた。

2019年10月12日、地元の人々が「山津波」と呼んだ豪雨災害に襲われた宮城県丸森町の集落＝同年11月10日

最大被災地、丸森町の惨状

未曽有の豪雨水害は宮城県側も同様で、最大の被災地が相馬市と境を接する丸森町。阿武隈川沿いの町中心部が深い水に浸かり、３本の支流の18カ所で破堤したことが分かった。

河北新報の報道を追うと、最初の現地ルポは、10月14日の朝刊の「宮城・丸森　病院冠水　不安な夜」。記事には地元２支局と報道部の計5記者が署名を連ねた。以後、丸森町発の多くの記事が社会面トップになり、住民の苦闘と復旧への模索が詳しくフォローされた。

10月に２度の水害で、泥と格闘し続けた相馬市の住民＝2019年10月26日

「2ルート寸断　筆甫《ひっぽ》（集落）孤立」「宮城・丸森　複数の浸水形態」「廻倉《まわりぐら》地区／土石流　集落を直撃」（16日）、「自衛隊捜索／流木かきわけ一歩一歩」（18日）、「道路寸断、断水…生活に打撃」「学校再開へ不安拭えず」（20日）、「丸森の観光　大きな痛手」（22日）、「大雨の恐れ、避難所増設」「泥との格闘　住民悲鳴」（26日）……。豪雨災害による町民の犠牲者は11人に上り（東北では死者52人、不明2人）、悲しみが広がった被災地発の記事が社会面で続いた。

広範囲の災害発生時、大規模被災地の重点取材は東日本大震災でも同様で、当然の判断だろう。同31日の1面記事「豪雨と地形　悲劇招く」は、丸森町で、昨年の西日本豪雨で51人が亡くなった岡山県倉敷市真備町の水害と重なる「川の合流点で水位が急上昇し、流れが滞り増水した」現象が起きたとの見方を報じ、従来の災害の常識に警鐘を鳴らした。

無名の被災地も生まれる

丸森町の台風19号関連記事は11月7日現在で２３９本（河北新報のデータベースで検索）。焦点化は今後の防災に貴重な教訓を提供し、「丸森　広がる店舗再開」「丸森ブランド米も目玉に／仙台の百貨店」（11月７日）など復興応援の話題も続いた。報道の成果か、同月２～４日の連休にはボランティアのバスツアーもあり、延べ２４００人が泥かきや片づけを手伝った（同５日の同紙）。

だが、筆者には既視感があった。報道が生む有名、無名の被災地。昨年７月９日、倉敷市真備町の隣町の住民らはネット上に「ＳＯＳ」を発信した。「テレビでは真備町の放送ばかりされていますが、隣の矢掛町も同じように浸水しているし、断水だし、孤立してるんです」「真備の方が悲惨なので報道されていますが他の地域の方にも物資がいきますように」

相馬市の二重被災も新聞、テレビに大きく報じられることもなく、ボランティアの姿もほとんど見なかった。２０１１年の東日本大震災、福島第一原発事故からいまだ復興途上の街にはあまりに過酷な打撃。酒屋を一人で営む同級生の女性は、遠方から片付けに通う娘の家族が頼みの綱で、「店と家をどうするか、先へ進めないまま眠れずにいる」「大被害の被災地に関心も支援も向くけれど、その他のたくさんの被災地が忘れられてしまうのが怖い」と語った。

筆者も何ができるか悩み、手作りカレーを同級生らに届け、東北のローカルニュースメディア「ＴＯＨＯＫＵ３６０」や新潮社のウェブマガジン「Foresight」に現地ルポを書いた。想定外の大災害が頻発する時代、新聞などマスメディアの役割はますます大きく、また限界も生まれる。発信は支援。地域からじかに発信するローカルジャーナリストの仲間を増やし、「無名の被災地」をなくせないか。

9 被災者に寄り添い続けるには共感保ち「つなぎびと」たれ

2020年3月

「震災後に入社した社員は全体の約6割に上る。記者約260人のうち、直後の現場を知る取材記者はほぼゼロになった」

「震災当時、活躍した市民や専門家も今や60、70代。話が聞きたくても、鬼籍に入れば不可能だ。講師を招いて『継承の場』を用意したのは、そんな危機感が背景にある」

阪神淡路大震災から、今年1月17日で丸25年を迎えた地元の神戸新聞。発生当時の現場を知らない若い記者のために開かれた「社内継承」の勉強会の模様を、同20日の河北新報が報じた。今年3月11日で丸9年を刻む東日本大震災の報道も同じ課題を背負う――と、同紙が記者を神戸に派遣し報じた記事だった。

危惧されるものとは何だろう。震災時の出来事を五感で語れる記憶、被災者の話を「わが事」と共感できる取材の蓄積、何年経とうが報道し続けねばならぬ使命感。それら共有の体験、価値観が途切れたら、ただの「記念日報道」しか残らなくなる。

10年で「区切り」なのか

「記念日」と考えていたのは政府かもしれない。１月21日の閣議で菅義偉官房長官は「政府（主催）として行う追悼式は発災から10年となる来年まで実施したい」と報告し、記者会見でも「10年は１つの節目だ」と以後は打ち切る考えを述べた（１月22日の河北新報）。東北の被災地の首長や住民からは「唐突な決定」「復興はまだ終わっていない」などと戸惑いの声が相次いだ（同23日の続報）。

10年の節目といえば、政府は今年７～８月の東京オリンピックを念頭に、それを「復興」アピールの場にしたいのは疑いない。「震災からの復興を見事に成し遂げた日本の姿を、世界の中心で活躍する日本の姿を、世界中の人々に向けて力強く発信していく」。13年９月７日の五輪招致決定後、安倍晋三首相が行った記者会見の発言だった。東京電力福島第一原発事故の被災地では、いまだ帰還困難区域の福島県双葉町のごく一部の避難指示が政府によって３月４日に解除され、同26日に予定される聖火リレーのルートに追加された。故郷に戻れない住民を励ます配慮とも言えるが、官製の「復興」演出にも映る。

筆者が長年取材している同県飯舘村では、政府の復興支援予算で建設費10～50億円の箱もの施設が次々と「復興の象徴」として生まれたが、帰還届をした住民は、村外との二重居住世帯を含め一千人台（登録人口は５４６７人）。風評への懸念から稲作などを再開した農家は数えるほどで、行政区の運営、共同作業や祭りの復活もままならず、地域再生の先行きは見えない（第４章１「原発事故10年目の

住民の姿は見えず、除染土袋の山が居座った福島県飯舘村＝ 2020 年 2 月 18 日

『福島県飯舘村』」参照)。

「復興」を問い続ける

「復興とは何か」を決める主体は政府でも自治体でもない。そこで暮らし、そこに帰って、失われたものを再開しよう、取り戻そう、創ろうと苦闘している当事者だ。その現場に通って証言を記録し、その発信を手助けし、現場の外にいる人々に現実の在りか、そこにある問題を伝え続け、多くの人が参加できる議論や行動、支援へとつなぐ。それが、２０１１年3月以来の震災報道経験者の１人だった筆者の考える、「つなぎびと」たる取材者の役目だ。

冒頭の話に戻れば、「震災の現場を知らない若い記者に継承」をすべきものとは、目の前の「いま」の景色や動きに振り回されることなく、その意味するものを原点から読み解ける力だ。その洞察の目を持つのは、神戸で言えば25年、東北では9年という震災の歴史の歳月を生き抜いてきた当事者のみだ。そこへ通い始めねばならない。

大学で講義の機会があると、筆者が反省を込めて伝えてきたのが「取材者の時間」と「当事者の時間」だ。以前、犯罪被害者支援団体の集いで「３つのＴ」という話を聴いた。「遺族が癒されるためには、時間（Time）、涙（Tear）、語ること（Talk）が必要」と、横浜であったストーカー殺人の被害者の母親が語った。ご存知だったろうか。当事者と、その前に「他者」として現れる記者は全く別の時間に生きている。「締め切り」の時間だ。未曽有の震災の現場でも、記者は２つの時間の間で悩み、葛藤し、言葉を失い、拒まれ、時に相手を傷つけた。被災者の元に何度も通うことで受け入れられ、言葉に耳を傾けるうちに期せずして「３つのＴ」を共有し、歳月に流されぬ伝え手となれる。

「寄り添う」と言うと、東日本大震災の際、被災地では拒否感を抱かれるほど軽い言葉になったが、それこそが取材者にできる本来の「寄り添う」だと思う。震災を８年取材した後、筆者は古巣の新聞社を昨春卒業したが、重ねた取材の縁は数えきれない。いまだ復興遠い福島県相馬地方を古里とするものとして「伝え手」の仕事に終わりはなく、いまも現場に通っている。

だが、２０２０年の現場を次の世代の記者が歩き、当事者の時間と癒えることのない痛みを共有し、「あの日」を常に原点として「復興とは何か？」を問い続ける努力をしてくれなくては、３月11日は「記念日報道」で終わる。後は官製の「復興」と東京オリンピック盛り上げのニュース氾濫にかき消されかねない。

第3章　震災取材者の視点から

2012. 7.- 2020. 9.

大川小学校跡の慰霊碑と、すぐ背後にある裏山＝ 2014 年 4 月 18 日、石巻市（156 ～ 159 頁）

東日本大震災と福島第一原発事故は、被災地の内側に入った取材者にとって、それまでの記者経験を根っこから揺さぶられ、他者である自分と当事者の人々との「壁」にぶつかり、被災地の内と外のどちらが現実なのか――との問いを突きつけられ、社会への視点をがらりと変えられる体験だった。アベノミクス熱に浮かれた世の中と被災地の現実との乖離、霞ヶ関が発想する官製「復興」と被災地の間の埋めがたい距離……。震災後に流布した言葉一つを取っても、被災地の内と外で受け止め方が違っていた。それは原発事故をめぐる風評、差別や排除という現象にもつながったが、苦境の被災地には、傷ついた者への優しさと支え合う力がはぐくまれた。本章は、被災地の体験で変わった取材者のあり方と視点、言葉への感性などをめぐる記事を収載する。＝冒頭の記事のみ「です・ます」調で執筆＝

1　ブログは新聞の発信力を強める
――風評、風化の「見えない壁」の向こうにつながりを求め

２０１２年７月

「何ができるか」との思いから

「外出から帰り、職場のパソコンを開いて仕事を再開した刹那でした。11日午後2時46分ごろ。ゆらゆらという横揺れがあって、それが次第に振幅を大きく、激しくし、周囲の同僚たちも机にしがみつくほどに。『もうじき止むさ』という気持ちを翻弄するような揺れが、本やファイルをすべて床に落とし、終息まで2分にも3分にも思えました。『恐ろしさからか周囲には声もなく、これで死ぬのか、と思った』と、隣席の友人は翌日の朝刊につづりました。やはり被害の大きかった１９７８年の宮城沖地震を経験した同僚は多いのですが、やはり同様の感想を聴きました。

あらゆる書類や書籍が散乱した5階フロアから、編集局の中心がある6階に駆け上がると、様相は一層ひどく、天井のかけらが落ち、蛍光灯のカバーがぶらさがり、本棚は倒れ、いったい外界はどう

なっているのか、想像のつかない不安に襲われました」

この一文は、2011年3月11日に起きた大震災から3日後、14日の午後4時59分に投稿した私のブログ「余震の中で新聞を作る」第1回の書き出しです。5時からの朝刊編集会議が始まる直前まで、河北新報社の5階にある自分の机のPCで書いていました。当時、5、6階の編集局内は連日、被災地に向かう記者たち、泥だらけで戻った記者たちの姿が入り乱れ、長靴の足音が響きわたっていました。昼と夕に配られる握り飯をかじりながら、取材した津波被害の惨状で頭をいっぱいにしながら、テレビや通信社から刻々と流れる福島第一原発事故の予断を許さぬ状況に耳を傾けながら、そして、被災地となった岩手や宮城、福島の自分の郷里や身内を思って胸を痛めながら、誰もが原稿に向かっていました。

震災発生の翌日、河北新報朝刊は8ページで発行されました。新聞製作基本システムのサーバーが横倒しになり、当夜は、災害時支援協定を結ぶ新潟日報社の協力を得ての紙面整理となりました。新聞の用紙の供給元である石巻市の製紙工場も津波で激しく被災して、新たな用紙の確保にも現場の担当者は苦労し、河北新報は12～20ページという薄い紙面で窮状を乗り切らねばなりませんでした。太平洋沿岸の13の販売店も流出、大破し、1897年の創刊以来、先の敗戦前後同様の「紙の新聞の危機」が、未曽有の規模の震災を東北の地元紙としてどう、どれだけ伝えられるか、という取材現場の苦闘に重なりました。

私自身は震災発生から4日間、被災地取材への出撃の指示を待つ状況が続き、記者としては最年長（当時54歳）で部下を持たない編集委員の立場として、その間、焦りも感じつつ「何ができるのか」

を考えていました。まず思い浮かんだことは、「この震災下の新聞社で起きていることを、誰かが冷静に記録しなければ」という考えです。2005年8月の米国南部ルイジアナ。ハリケーン・カトリーナによる大水害で新聞社の輪転機が稼働不能となった中、記者たちが職場に踏みとどまってブログによる情報発信を続けたという地方紙タイムズ・ピカユーンの話も浮かびました。紙不足の危機、紙幅の限界をも超えて、外への発信が可能なブログの可能性を今こそ試してみる時ではないか、とも。

震災の渦中で新しい試み

私は、生活文化部長だった2008年8月から、河北新報社の地域SNS「ふらっと」に"Café Vita"（暮らしのカフェ）というブログを書いていました。「くらしや文化、地域や社会にまつわる記事や出来事、感じたり考えたりしたこと、出会った人々のことなどを、どうぞ語りにお寄りよ」との趣旨で、ネットの読者をくらし面、文化面につなごうと、編集局長の了解を得て始めました。編集局で初の公認ブログ。「紙の百年産業」である新聞社には、ネットやブログについて「危うい匿名情報の海」「炎上したらどうする」「取材で知り得た情報をネットに書くのはどうか」といった声が根強く、デスクたちには「紙面こそが戦場」との自負もあり、報道記者がブログを書く環境にはありませんでした。しかし、震災報道にブログの活用を、と太田巌局長に相談すると、「やれることを、やってみろ」。

「私は某県の地方紙の社会部デスクを務めている者です。今回の大震災について、被災者の皆さま

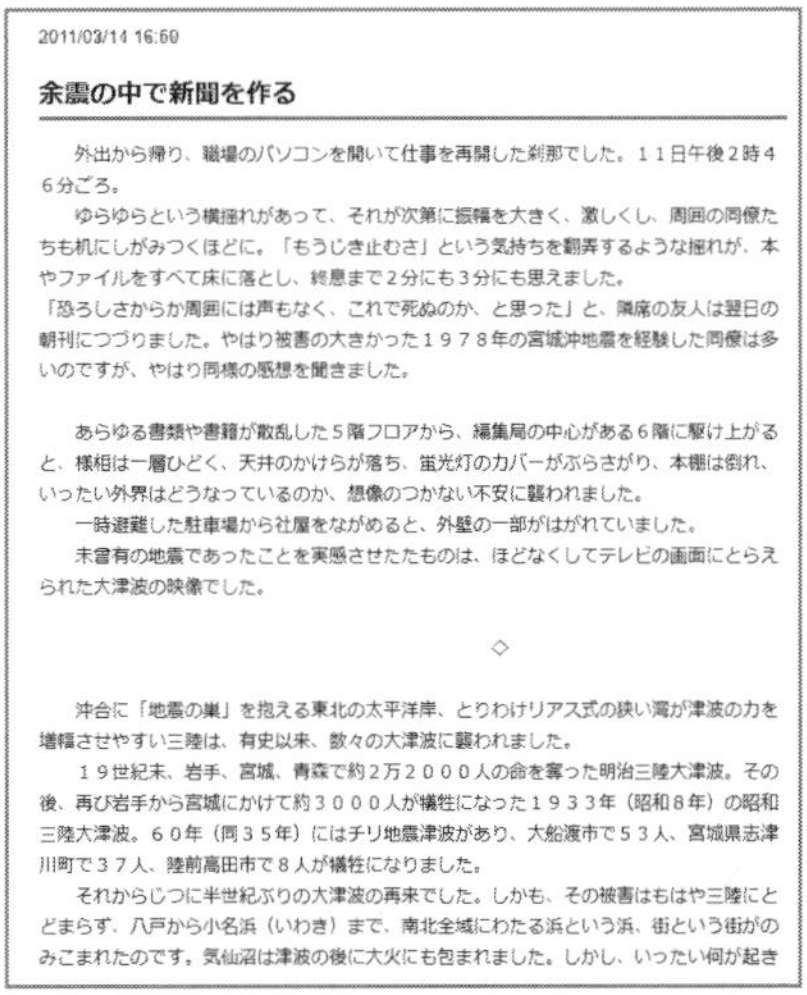

2011/03/14 16:60

余震の中で新聞を作る

外出から帰り、職場のパソコンを開いて仕事を再開した刹那でした。１１日午後２時４６分ごろ。

ゆらゆらという横揺れがあって、それが次第に振幅を大きく、激しくし、周囲の同僚たちも机にしがみつくほどに。「もうじき止むさ」という気持ちを翻弄するような揺れが、本やファイルをすべて床に落とし、終息まで２分にも３分にも思えました。

「恐ろしさからか周囲には声もなく、これで死ぬのか、と思った」と、隣席の友人は翌日の朝刊につづりました。やはり被害の大きかった１９７８年の宮城沖地震を経験した同僚は多いのですが、やはり同様の感想を聞きました。

あらゆる書類や書籍が散乱した５階フロアから、編集局の中心がある６階に駆け上がると、様相は一層ひどく、天井のかけらが落ち、蛍光灯のカバーがぶらさがり、本棚は倒れ、いったい外界はどうなっているのか、想像のつかない不安に襲われました。

一時避難した駐車場から社屋をながめると、外壁の一部がはがれていました。

未曾有の地震であったことを実感させたものは、ほどなくしてテレビの画面にとらえられた大津波の映像でした。

◇

沖合に「地震の巣」を抱える東北の太平洋岸、とりわけリアス式の狭い湾が津波の力を増幅させやすい三陸は、有史以来、数々の大津波に襲われました。

１９世紀末、岩手、宮城、青森で約２万２０００人の命を奪った明治三陸大津波。その後、再び岩手から宮城にかけて約３０００人が犠牲になった１９３３年（昭和８年）の昭和三陸大津波。６０年（同３５年）にはチリ地震津波があり、大船渡市で５３人、宮城県志津川町で３７人、陸前高田市で８人が犠牲になりました。

それからじつに半世紀ぶりの大津波の再来でした。しかも、その被害はもはや三陸にとどまらず、八戸から小名浜（いわき）まで、南北全域にわたる浜という浜、街という街がのみこまれたのです。気仙沼は津波の後に大火にも包まれました。しかし、いったい何が起き

震災４日目から書き始めたブログ「余震の中で新聞を作る」＝2011年3月14日

には心よりお見舞い申し上げます。同じ業界の人間として、『河北さんは無事、新聞を発行できているのだろうか』と陰ながら心配しておりました。そんな時にこのブログを拝見して、しっかりと新聞が発行されていることを知り、安心する以上にすさまじいまでの記者魂に頭の下がる思いがいたしました。（中略）1人でも多くの人が助かり、1日も早く復興がなされることを。そして被災地の皆さんに1日も早く笑顔が戻られることを」

冒頭の初回のブログに、その晩のうちに5本の返信がありました。SOS状態の石巻の医院を救援しようと仲間に呼び掛けたという看護師、電気が止まりラジオもない中で届いた新聞への感謝を伝えてくれた女性、原発事故で政府や東京電力の担当者に罵声のような質問を浴びせる東京の記者への批判が2つ、そして、ここに紹介した同業の地方紙デスクからのエール。深夜の職場でこれを読んだ時、私は胸を熱くしました。明日をも知れない暗闇の中で、誰かと「つながった」感覚を知った時でもありました。そして、こう返信しました。

「私の同僚たちも家族を亡くしたり、探したり、家を壊されたりした被災者であり、明日への不安に悩む当事者です。私も、原発事故の起きている地方の北辺を郷里とし、親を残して仙台から案じて

います。そうした、誰もが当事者であるところから、私たちは始めています。その1人1人の声からのみ、何が起きたのか、どうしたらいいのか――が見えてくるのだろうと思います。地方紙の仲間からの言葉、ほんとうにうれしいです」

生活情報をツイッターで

時を同じくして編集局内では夕刊編集部の同僚たちも、新しい試みを始めていました。

「朝から曇り空だった仙台は、細かい雨が降り始めました。今日もダイエーを目指す列は、定禅寺通りまで続いています。#sendai」。これが、3月15日、夕刊編集部の「生活情報ツイッター」の記念すべき初ツイートでした。同部の安倍樹記者は、昨年4月11日の本紙にこう書きました。

「電気、水道、都市ガスといったライフラインが断たれ、公共交通機関が止まった街は、当然のように動いていません。仙台にいても仙台の様子が分からない。どこで何が手に入るのか。紙面では伝えきれない細かな情報を知るすべが、市民にはありませんでした。仙台の街で、何が起きていて、市民が何を知りたいのか――。それをリアルタイムでつぶさに伝えたいという思いが、わたしたちの出発点でした」

スタート時点で200人だった生活情報ツイッターのフォロワーは、同5月19日に3586人、同11月16日に5910人になり、今年6月5日現在で7994人に。夕刊編集部は同時に、「ふらっと」に「東日本大震災　記者ブログ」も書き始めました。そちらも日に200~300ヒットを記録。

現在は記者ブログに加え、市民ブロガーや市内の商店街などの人たちに話題を発信してもらう「みんなのフォーラム　まざらいん（仙台弁・参加しなさいよ）」「までぇに街いま（街探検）」などを紙面と同時に掲載しています。

震災の渦中でブログが育った経緯から、「ウェブに記者が原稿を書くことへの抵抗感もなくなっていった」（保田敏郎同部長）。それは、紙とネットを隔てた「壁」の検問所のバーが突然に開き、「みんな、行ってみよう」と群衆が歩き出したような状況にも思えました。

ありのままに記録する

２０１１年３月16日朝、若い同僚たちの車に同乗し石巻に向かいました。被災地の人々が、何を体験し、どんな状況にあり、何を思い、どう生きようとするのか――を伝え、他の被災者や読者と共有しよう、という社会面連載「ふんばる」（11年６月５日まで１１０回）のスタートに向けた取材でした。私はライター兼デスクを引き受け、取材先は陸前高田、大船渡、郷里である福島県相馬地方などへ広がり、「余震の中で新聞を作る」はそれ以後、歩いた先々の被災地で出合った事実をありのままに記録する内容に膨らんでいきました。

「『すごく手間が掛かるんだよ』とハツノさん。それによると、山で『ごんぼっ葉』を摘み、葉のしんを取って乾かし、大きな釜でゆでます。それを水洗いして何度も絞り、もち米、うるち米の粉と混ぜて、ふかし、餅につき上げて、切った雨樋に詰めてやるのだそうです（雨樋の半円形がちょうどよい、とのこと）。一晩おいて固まったら、均等な長さに切り分け、長い稲わらを編んだ袋に入れて、水に浸し、それから『寒ざらし』にします。『金属のパイプに手がくっつくぐらいに冷えた夜に、軒下に並べて下げるの。零下10度くらいで一晩おいて、最後に1カ月陰干しして、やっと出来上がり。風が吹くと、餅が割れちゃうから、しんしんという夜でないと』」

「余震の中で新聞を作る」28回の一節。飯舘村の農家で聴いた、名物の「しみ餅」の作り方です。自然の恵みを、手間暇を掛けて暮らしに生かす。有名になった「までぃライフ」の一例です。材料の「ごんぼっ葉」（山菜の山ゴボウの葉）も、原発事故の放射能汚染でもう採れなくなりました。その後に、こんな話が続きます。

「飯舘では、みんな、身の回りにあるもので食をつないで、生きてきた。昔は、どの家も貧しかったから。山菜を摘んで、山で捕ったものの肉を食べて。いま、それも食べられなくなった。でも、これから原発事故の補償を求めるという時、実は豊かだった山の村の幸や暮らし方が、○○万円なんて、お金に換算できないんだ。それを失うのが悔しい」

この農家は、震災の5年前に夕刊コラムで紹介した縁があり、政府から飯舘村に全村避難の方針が出された11年4月に訪ねました（現在は福島市の仮設住宅に暮らしています）。取材に行けば、ノートがたちまち埋まるほどの言葉を聴き、状況や風景が目や心に触れ、被災の前史である村の暮らしも語られます。新聞の記事は、どんなに長くとも１２０行弱。最も大事な声を削り出し、渦中での生き様を凝縮させて伝える形でもあります。

しかし、被災者が背負うもの、失ったものはあまりに大きく、「この震災とは何か？」を伝えようとすれば、当然ながら1本の記事の枠では足りません。ブログで試みたことは、新聞記事の書き方とは逆のこと。そこで見た、聞いた、知った、あらゆるものが「証言者」であり、一つ残らず記録しなければ、という試みでした。個々の人と向き合う現場で第三者的な「神の目」はありえず、そこに立ち会い、質問し、当事者の言葉を聴き、考え、調べた自分自身も記録の一部として。物語化や断定を抑え、自己編集の作品であるルポとも違うと考え、時間の流れのままの記録を最も自然な伝え言葉である「です・ます」で書いています。

「ごんぼっ葉」も、飯舘村の人々が何を失ったのかを語る証言者なのです。それが、原発事故の謝罪に来訪した東京電力副社長に村民がぶつけた、「田んぼ、山や畑、すべてで放射線量を低減できるのか。山の土を全部取って、なくせるのか。村の人は誰も思っていない。なぜ、社長が来ないのか。なぜ、会長も来ない。（自分たちは）1番放射線量が強い所に、1カ月半もいるんだ。ばかにしないでくださいよ」（同ブログ29回）という怒りの意味を教えてくれます。

ネットと連携、被災者の声伝え続ける

被災地の暮らしも風景も日々変わります。1カ月、半年、1年を過ぎ、「何が起きている？　何が新たな問題か？」も時間の流れとともに。震災は終わることがないからです。「余震の中で…」は「ふんばる」などの取材と連動し、紙面に書いた記事をさらに詳報し、取材した人々にその後の変化があれば、紙面に加えブログ独自の続報を書き、新聞の配達エリア枠を超えて遠くまで被災者たちの

声を飛ばす――という方法論で、この論考の時点で70回を超えました（最終的には158回）。「リンゴ赤々　風評と勝負／土壌改良　ツイッターも」。福島県新地町の40代のリンゴ農家を紹介した11年10月23日の「ふんばる」の見出しです。たまたま私の実家（相馬市）の母親も客だったことから訪ね、原発事故の風評によって、長年開拓した首都圏の客の注文が30分の1以下になった窮状を聴きました。「あらゆる努力をしたい」という悲壮な決意を紙面で紹介し、さらに11月7日にブログ（45回）で「なぜ消費者対生産者という対立の図式に追い込まれなくてはいけないのか」「なぜ、いつのまに『福島』や『東北』が、基準になってしまったのか」という理不尽な現実と彼の思いを詳しく伝えました。

紙面には「風評、終わり見えず／『リンゴつぶすしか…』／親子二代の農園揺らぐ」（11年12月29日）、さらに「最高のリンゴ届けてみせる／福島・新地町の農家、栽培継続決意／厳しい風評に除染徹底」（12年2月15日）との続報が載り、農家の再起を伝えるブログ（57回・2月23日）が続きました。「ブログの記事がツイッターで広まり、首都圏からも注文が届いた。あの江川紹子さんも買ってくれたよ。反響に励まされた」と彼は語りました。

「余震の中で…」は、11年4月から講談社のウェブマガジン「現代ビジネス」に転載され、佐々木俊尚さん（ジャーナリスト）、藤代裕之さん（同・日本ジャーナリスト教育センター代表運営委員）らがツイッター、ブログで取り上げてくれました。同年4月9日から河北新報のニュースサイト「KOLNET」上に、フェイスブックを活用した震災・復興の情報発信・共有サイト「つむぐ　震災を超えて」も始まり、私もここで、関心ある全国の登録者に向けてブログや新聞の記事を紹介しています。

こうしたネットメディアとの連携は、地方紙の発信力を何倍にも強め、被災地の声を、復興を阻む風評、風化の「見えない壁」の向こうに打ち出し、人と人をつなぐこともできます。新聞記事は、書いて完結なのではなく、それが始まりなのです。

「オンライン（ネット）は、新聞とともに、『プレス・ヘラルド』を支える双発エンジンの一つになった」「オンラインと新聞をともにはたらかせることで、私たちと読者とのインタラクティビティ（双方向性）を強めることができる」（寺島『シビック・ジャーナリズムの挑戦』日本評論社）。２００３年に留学した米国での調査で訪ねた、米国メーン州の地方紙副社長・編集長の言葉です。

読者とつながるツールとしてブログ活用を競った米国の新聞と日本の現場との落差は大きく、私のブログ体験も帰国から6年後。しかし、「マス」の重いよろいを脱ぎ、やってみれば分かることでした。震災後の不安な暗闇の中から、それは地方紙の新たな「発信する力」を生みました。

2　被災地で取材者はどう変わったか？
当事者との間の「壁」を越えるには

２０１４年１月

２０１１年３月11日に起きた大震災の後、東北３県の被災地には内外のあらゆるメディアが入った。そこで何を感じ、何を持ち帰ったか――という取材者自身の体験は、発表された記事や作品以外の生の形で語られる機会はまれだ。マスメディアの場合、現地での記者の行動記録などは社ごとにあっても、ほとんどは内部資料にとどまると想像される。

ＮＨＫ放送文化研究所の主任研究員・井上裕之さんは同年６月、震災報道に関わったＮＨＫの記者、アナウンサー、ディレクター、カメラマンらのアンケート調査を行い、被災地で取材者にどんな変化があったか――を「言葉」の視点から分析。「『被災者』ではなく『被災した人』〜震災報道で取材者が選んだことば」として今年３月に発表した（詳細はＮＨＫ放送文化研究所刊『放送研究と調査』９月号に収録）。

回答した２１７人の生の声を伝える労作で、筆者も地元紙記者の立場からいくつかの意見を述べさせてもらった経緯がある。一メディアを超えて共有されるべきもので、筆者の取材体験も重ねて一端を紹介したい。

取材で気をつかったことば・表現・しぐさ

津波から間もない被災地に入った刹那の記憶は、すさまじい破壊の風景に圧倒され、声をなくし、何をしていいのか分からない無力感に襲われたことだ。

どの取材者も共通した出来事だったと思う。それから現場や避難所で、被災した人々に出会う。無論、話を聴くためだが、どう話しかけるか、何を聴けばいいのか？　廃墟となった街で、家と財を失い、家族が亡くなったり不明になったりした人々に、どんな言葉を掛けたらいいのか――。初めて入った取材者は、否応なく自分が「他者」であることを自覚する。それが始まりだった。

井上さんの調査はまず「取材で気をつかったことば・表現・しぐさ」を尋ねた。被災者の取材で最も気をつかった点として、次のような回答が紹介された。

「相手の話をじっくり聞くことに徹し、途中でことばに詰まっても、相手が何かを話そうとしている場合には、相手のことばを待って話し終わってから、質問するようにした」「どんなに時間がない時でも、まずじっくり話を聞いてからにした」「話を聞くこと。ふだんの取材以上に、相手の話に耳を傾けるようにした。こちらの意図と異なる答えが返ってきても、話を聞き続けた」

当事者とコミュニケーションが取れたカギとしては、「『頑張ってください』などの励ましのことばよりも、『それはおつらいですね』などの共感のことば」「相手の言っていることを復唱しつつ共感するようなことば（『そうですよね』『そんなにひどかったんですか』など）を言っていると、実際にいろいろと話してくれたと思う」などの回答が挙げられた。

これらについて井上さんは「取材者は、じっくりと話を聞き、『共感』することが必要とされ、共感を相手に伝達した」と分析した。

他の回答者も「相手の話にじっくりと耳を傾け、共感していることを態度で示すことができたときには、相手も心を開きやすいと思う」「相手の言葉にうなずくこと」「軽々しく相手の立場を分かったようなことばを使わないようにした」「中途半端に分かったようなふりをしないよう気をつけた」との態度を挙げた。

日常とは別の世界に「投げ込まれた」感覚

人は互いに「分からない」存在として出会う。取材者もまた当事者の心情を知りえぬ「他者」として現れる。

情報や訴えの発信の主体とは常に、さまざまな現場の状況に生きる「個」の当事者の側であるが、それまでの事件事故の現場でしばしば問題になったのは、狭い地域の（多くの場合）一人の当事者に多数の取材者が殺到して起こるメディア・スクラムなどの報道被害だった。

しかし、大震災の被災地はあまりに広大で、ひとつの町、集落の住民のほとんどが当事者となり、取材する側が少数者となった点が異なった。「地域に入り込む」のでなく、とりわけ震災直後は、日

震災直後、被災地で出会った人々＝2011年3月17日、石巻市内

常とは別の世界に「投げ込まれた」感覚があった。

経験したこともない膨大な人の死と悲嘆が取り巻く、その状況で取材者は、「取材する」自らの任務を果たさねばならなかった。上記のような被災者の「話を聴く」行為も、単に頭の中の「共感」で済むものではなかった。そのことも、井上さんが得た回答は明かした。

「息子を亡くし納骨に行った被災者にインタビューしている際に取材相手と一緒に泣いてしまった。取材者としては失格だと思うが、それ以降は取材相手と一層打ち解けた付き合いができるようになった」

「被災者と一緒に泣いた。涙の止まらない私を見て、被災者も泣きながら話してくれた」「肉親を失った被災者の話を聞きながら、こちらも泣けてきて、2人で泣いた後、（中略）本音に近いことが聞けた」

取材者の側も感情をあらわにし、それを「逸脱」とする意識もありながら、結果的に当事者と「つながれた」という事例だ。

井上さんが注目したのは、「一人の人間として」という回答の多さだった。

「取材者としてではなく、一人の人間として向き合う」「情報を聞き出すのではなく、一人の人間として、その方のお話を受け止めることです」

「放送で伝えることが自分の仕事ですけど、一人の人間として力になりたいので、何か手伝うことはありませんか」「何度も会いに行き、自分という人間を信用してもらえない限り、難しいと実感した」

また、以上のような回答と表裏の関係として、「自分の知りたい情報を具体的に聞くだけだと、相手の気持ちがくみ取れず、コミュニケーションがうまく取れないことがありました」といった苦い体験もあった。

当事者の「３つのＴ」

例えば、犯罪被害者の遺族が癒されるために必要なのは「３つのＴ」である、という。横浜市で１９９５年、ストーカー事件によって大学生の娘さんの命を奪われた、弘前市の山内久子さん（秋田看護福祉大教授・当時）が05年、全国被害者支援ネットワークの仙台市での講演会で語った言葉だ。

それは「時間（Time）、涙（Tear）、語ること（Talk）」。遺族らの当事者の心が必要とする時間に対し、マスメディアの取材者は日々の「締め切り」という職業的時間に生きる。２つの時間が深い溝を生み、マス・メディアが取材を競うほど、当事者の側が必要とする時間が奪われてきた――という訴えも、筆者は別の取材で聴いた。

それゆえ「知りたい情報だけ」の取材は、震災では困難で、被災者を傷つけもした。

取材は、避難所や仮設住宅を訪ねて話を聴くことが多かった。筆者の経験だが、その時の心境を聴こうとすると、被災当時の体験を聴くことになり、家族の前史、地元の往時までさかのぼり、被災後の辛苦の歩みを聴き、行く末の不安や希望にも思いは及び、そして現在の暮らしぶりに話は戻る。とても時間が足りず、それを縁に訪問を重ねて「自分という人間を信用して」もらえることになり、ようやく、心の奥にしまわれていた言葉がこぼれる。一度の取材が2、3時間、メモがノート二十数ページ分になることもあった。

「もっとつらい人がいるから、わたしだけ、しゃべれなかった」と語った人、表情が変わり「子どもを死なせ、悔しさと自責と恨みで気が狂いそう」と吐き出した人、「一人きりになると、いつも泣いてる」と漏らした仮設の世話人もいる。

取材者も、取材や傾聴では済まないものを負う。どこまで書いていいのか、どれを書けば誰が傷つき迷惑が掛かるのか、何がニュースなのか——も、人の関係と感情、土地の前史、それを巻き込んだ全体状況とを通って知っていくことから、初めて分かる。

一人では耐え切れないほどの苦しさを抱え、「聴いてもらってよかった」と言う人も多い。だからこそ、信頼を裏切ってはいけない。

「客観」とは何かを考える

「一人の人間として」被災者と向き合った取材者たちの行為が「失格」「逸脱」になるのか。それは、われわれの耳になじみ深い「客観」という観点からの省察であるに違いない。

取材の肝要とは、「何が伝えるべき事実か」を正確に知ることであろう。その場合、離れて現場を見ることが「客観」になる訳ではない。自らの足と目と耳で、現場で確かめる態度こそが「客観」と筆者は考える。

「ストーリーを隠し持ってきて、欲しい話だけを切り取られ、報じられた」という苦情を、当事者から何度も聞かされた。

「たまたま訪れた取材陣に囲まれ、了解もしていない新聞に載った」「撮らないと約束したのに、素顔も亡くした子の写真も映像に撮られ、翌朝放送されたと知人から聞いた」との話がある。家族の団らんに交じって聞かれた話をそのままネット上で「ルポ」にされた話もあった。「失格」「逸脱」とはそれらを言う。

「一人の人間として」悩んだ取材者はメディアの別を超えて多かったことだろうし、その感覚こそが正しいと思う。

自らの仕事からも逃れられず、「何か手伝うこと」が可能なのは、向き合った相手の声を伝えることだけだ。その仕事のさらなる難しさは、ノートに記した内容と重さが、読者や視聴者が受け取るニュースにおいても変わってはならないこと。当事者の声の発信を手助けし、つなぐことが、メディアの本義、役割と考えるからだ。その報道内容の正しさを評価できる主体も、不誠実や誤りに傷つくのも、当事者の側なのだ。

筆者の場合はむしろ、「伝えられるニュースは、大きな事実のほんの一部に過ぎない」というメディアリテラシーの基本を被災地で痛感し、立ち会った現場のすべてを新聞に書けないことが悔しかった。

そうした被災地での体験から、NHKの取材者たちに起きた変化の一つが、「放送で使わないようにしたことば」が自然に生まれていったことだった、と井上さんは発表で指摘した。回答から得られた代表的な例が、「被災者」「がれき」「壊滅（的）」。

「がれき」になぜ抵抗が生じたか

「被災者」については、「突き放した印象を受ける」「被災地外から見た目線になる」「被災という烙印を押して、ひとくくりにまとめてしまうことに抵抗」「被災者である前に、町民であり村民であり、主婦であり、会社員」などの回答が紹介された。

「壊滅」を使わなかった、との理由には「第三者的で、その地域に寄り添っている感じがしない」「被災者が失ったものの大きさを考える時、『カイメツテキ』の一言で形容していいのか」「何度も使うと『全く復興の見込みがなく絶望的』という印象」などがあった。

筆者が共鳴したのは「がれき」への感性。「かわらと小石、破壊された建物の破片など、値打ちのないものの例え」（井上さん）だ。「傍観者的に感じさせる表現」「壊れた家やその他のモノに被災者の生活感が残っているように感じた」「その人たちにとっては家や車など大切なもの」との回答が挙げられ、「流された家財」といった表現に置き換えられたという。

この言葉を、筆者もできるだけ使わないようにしていた。きっかけの一つは、11年5月、南相馬市民のツイッター情報サイトで見た書き込みで、「瓦礫瓦礫って言うけど、ほんの1カ月半前迄、それらはがれきじゃなかったんだい。被災者にとっては今でも」とあった。

それを読んで一気に頭の中をよぎったのは、被災から間もない石巻、陸前高田、郷里の相馬や南相馬の浜の光景だ。

破壊された町々や集落跡にうずたかく積もった木っ端の山ではなく、足元に無数に転がった、中断された暮らしの断片。三輪車、化粧道具箱、鍋、女の子の晴れ着、古いタンス、片方だけのハイヒールやブーツ、45回転のレコード、教科書や参考書、位牌もあった。

目が釘づけになったのは、アルバムだった。津波の潮で変色したページをめくると、結婚式の幸福そうな写真があり、笑顔に囲まれて赤ちゃんが登場し、3人の家族が歩みだしていく小さな歴史があった。この人たちはどうなったのか、生きていてくれたら――と、失われた家の跡を巡るごとに人の姿が思われ、胸が苦しくなって仕方がなかった。

「がれき」にしか見えないのは、遠くに離れているからであり、現場を歩いて被災者と出会った取材者たちには、もはや集合名詞や抽象名詞でなく、人と同じく向き合うべき「個」の存在となった。やはり南相馬市の浜で家を失った農家が、壊れた家の柱などを積み上げていたのを筆者が見て、理由を問うと、「再建の日まで取っておくんだ」と語った。彼にとっては、亡くした妻の形見であり、再起の希望がある限り、がれきなどではなかった。

現場の取材者がこうして被災者の側の感性や視点を身につけた時、遠景しか見えぬ東京のデスクとの間で、さまざまな葛藤も衝突も生じたに違いない、と想像できた。悩みながら当事者との壁や溝を越えようと努め、学ぶ時に初めて、「客観」なる言葉にも血が通い始めるに違いない、とも。

2014. 1.

3 「自殺」から「自死」へ当事者取材の現場で知る言葉の違いの意味

２０１４年12月

自殺を「自死」に言い換えよう、という当事者の運動が広がっている。「自らを殺す」との表現が偏見や差別を生み、「人に語られぬ死」として家族をも苦しめる――と全国の遺族が訴え、各地の自治体も「自死」を公文書で使い始めた。新聞の世界では、まだそうした問題意識は薄いように見える。だが、当事者取材の現場から、変化は少しずつ生まれてきた。

殺すという字は悲しみを倍加させる

公文書で「自死」を用いる措置は、島根、鳥取両県が２０１３年、全国に先駆けた。14年には宮城県、仙台市が、国の制度や法律などの用語を除いて言い換える運用を始めた。宮城県の場合、遺族有志が13年末に村井嘉浩知事と面会し、「やむにやまれぬ状況で死に至ったのに、殺すという字を使われると悲しみが何倍にもなる」と訴えたのがきっかけだ。

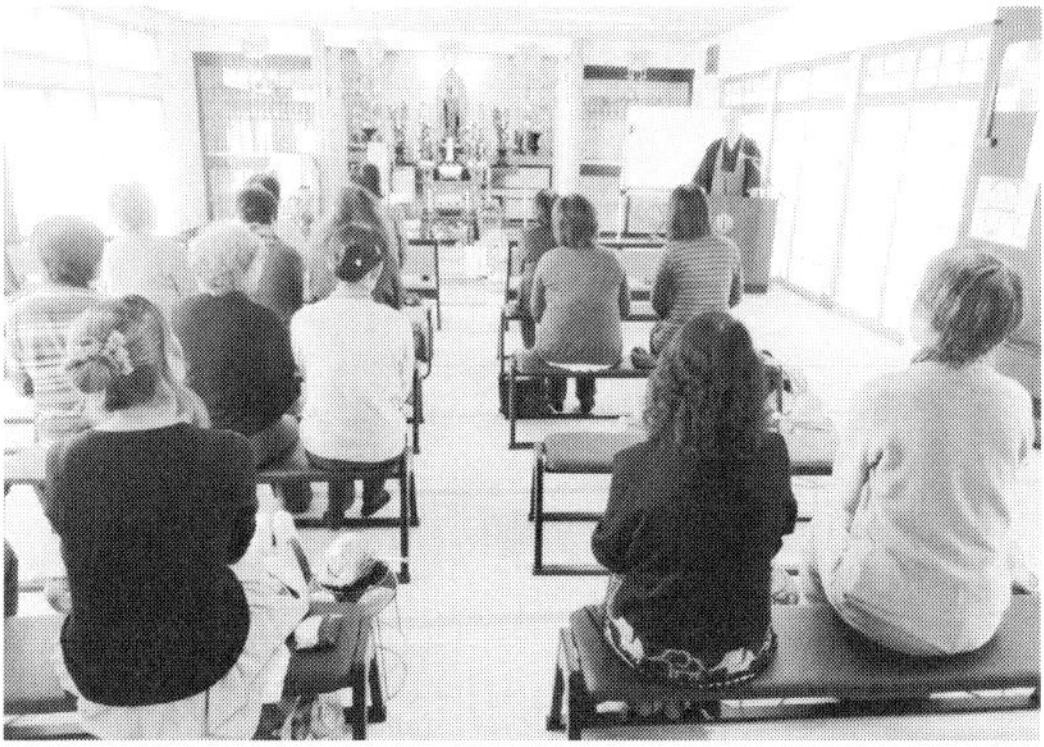

自死遺族たちが、わが子を亡くした同じ親として設けた震災遺族の分かち合いの場「つむぎの会」＝ 2012 年 2 月 22 日、仙台市の慈恩寺

14年9月、「自死という言葉を知っていますか？」という題のシンポジウムが仙台市であった。「言葉の違いが意味するもの、その背景にある問題や課題を広く伝えたい、共に考えてほしい」と、宮城県内で活動する自死遺族や支援者の4団体の連絡会が、同県の協力で初めて企画した。

その代表らがパネリストとして参加し、聴衆にじかに語りかけた。

「犯罪でない個人の死に、『殺』の文字が付く例は他にない」と、「仙台わかちあいのつどい藍の会」代表の田中幸子さん（65）は語った。警察官の長男を9年前に自死で失い、同じ遺族たちとの交わりから、「自殺」にまつわる偏見と差別を知ったという。

「全国の仲間には、息子の死について取調室で4時間半も事情を聴かれ、遺族扱いをされなかった人がいる。寺で『戒名を付けられない』『葬式を出せない』と言われたり、わが子が自死したアパートの所有者から高額な慰謝料、お払い料を請求されたりした遺族もいる」

田中さんは、こうした問題を「二次被害」ととらえ、死者や遺族への差別をなくし尊厳を守るための法律制定を、全国の遺族や共鳴する弁護士らと共に訴えてきた。

「東北希望の会」代表の前川珠子さん（49）は、東北大准教授の夫を東日本大震災後の職場の混乱と激務の中、自死で亡くし、13年４月、東北各県の過労自死遺族ら約70人と同会を結成した。「夫は死にたかったのでなく、ぎりぎりまで頑張り、最後まで生きたかった。人を孤立させて追い詰める社会の責任や、亡くなった人の尊厳、『殺』の文字を見るたびに自責で傷つく家族に思いをはせてほしい」と話した。

表現にまつわる根深い偏見

遺族が問題とし、訴えるのは、「自分を殺す」という表現にまつわる根深い偏見だった。古い時代の「自決」という言葉にあるように、「自ら選んだ、覚悟の死」のイメージがつきまとう。「個人的な問題と選択の結果」であると。それに「倫理上の罪」という観念が重なって、「まるで殺人者のように、誰にも語れぬ、世間から隠すべき死とされ、亡き愛する者の人生そのものまで否定される」（田中さん）ような現実が遺族にのしかかる。「戒名をつけられない」など宗教儀礼にまつわる事例などもそのためだ。

06年施行の自殺対策基本法は「自殺対策は、自殺が個人的な問題としてのみとらえられるべきものではなく、その背景に様々な社会的な要因があることを踏まえ、社会的な取組として実施されなければならない」（第２条）と「社会的な死」を土台とし、国の自殺総合対策大綱も「（自殺が）個人の自由な意思や選択の結果でなく、その多くが心理的に追い込まれた末の死」との現実直視を求める。

事実、メディアに報じられる自死の原因はいま、いじめ、過労、リストラ、多重債務、連帯保証、「震災関連死」など多岐にわたる。

田中さんが世話人を務める全国自死遺族連絡会は06年7月~10年3月に遺族の聞き取りを行い、調査した1016人の自死者のうち、精神科を受診し、向精神薬などで治療中だった人が701人、69％を占めた。

自死予防で精神科の早期受診を勧めていた厚生労働省も同年、「薬の飲み過ぎが自殺につながっている可能性がある」と医師や医療機関に注意を促した。もはや社会問題そのものだ。

しかし、「自殺」の言葉そのものは、明治以後の刑法（自殺教唆罪、自殺幇助罪など）や商法（保険の自殺免責制度）をはじめ、警察庁の自殺統計、当の自殺対策基本法などの公的名称を通して社会に定着してきた経緯がある。「その言葉を言い換えることで古いタブーを解消したい。他の死と同じ『普通の死』として、自死した家族の思いを周囲の人々と分かち合いたい。社会の問題としてありのままに受け入れてもらい、自死から人を救うための総合対策に生かしたい。そのために国も自治体も変わってほしい」と田中さんは訴える。

鳥取県の全国初の取り組みとは

島根県は13年度から自治体として全国で初めて、公文書で「自殺」の使用を原則的にやめ、「自死」へ統一した。県自殺対策総合計画は、県自死対策総合計画と改められた。その冒頭で、「自死」の使用を県が決定するまでの経過を次のように紹介している（要約）。

県自殺総合対策連絡協議会（実務者、専門家、当事者らの審議会）の議論で、①「自殺」という言葉が、亡くなった人や遺族、未遂者らの尊厳を傷つけ、「自死」が多くの場面で使われている――との指摘が相当あった。②「自死」については、「まだ十分認知されていない」「自殺をしてはならないという心理的な抑止効果を弱める」といった意見もみられる。③しかし、遺族の心情にできるだけ配慮を、との意見が大勢で、「自死」の使用に異論はなかった。④総合計画の名称は、法律に基づく計画なので「自死（自殺）」と併記を――との意見があった。全委員に意向を確認した結果、「自死対策総合計画」への賛同が多数だった。

当事者の声が県や協議会を動かす

県、協議会を動かしたのは、当事者の声だった。同県には、遺族が08年に結成した自助グループ「しまね分かち合いの会・虹」があり、松江市、出雲市、浜田市など6市で遺族の集いを開き、毎年、地元自治体と連携した「しまね自死遺族フォーラム」の巡回開催などを重ねてきた。

こうした活動実績から、代表の桑原正好《しょうこ》さん（64）は11年末、県から当事者として初めての協議会委員に任命された。

桑原さんは翌年2月に初参加した協議会で、06年に次男が友人の借金トラブルが原因で自死したことや、遺族の悲痛な思いを語り、「自殺ではなく、自死という言葉を使って」と訴えた。これが契機となった。

こうした島根の遺族の声を強く響かせたものは、全国自死遺族連絡会が「自死」の使用を含めた総合対策を08年から国に訴え続けてきた当事者の運動であり、世論の支持だった。

「自死」の使用をめぐり、県が募ったパブリックコメントに投稿した清水新二奈良女子大名誉教授は、その中でこう指摘した。

「『抑止効果』とはいうものの、それはどのような証左に基づく主張なのでしょうか。現に『自殺』（という）用語の下で、平成10年には自殺統計市場初めて3万人の大台に乗ってしまい、『自殺者3万人時代』（注・14年間続いた）に至った事実が示すものは、一体なんでしょうか」

「『自死』（という）用語によって、人が自らのいのちを断つことが『無駄死に』や『いのちを粗末にした』こととは違って見えてくること、遺された遺族の苦悩を和らげ遺族自身が自らと和解できることなど、新たな可能性を孕んでいる」

当時者提案を後押ししたメディア

さらに、「数え切れない地元メディアの記事やニュース放映が、力の弱い当事者の提案実現を後押ししてくれた」と桑原さんは言う。この地元メディアは、地元の新聞、テレビのほか、松江市など県内に総支局がある全国紙、ブロック紙を含む。

「多くの記者が、出雲市に住む私や各地の『虹』の仲間、先々の活動の場所を訪ねてくれ、2時間、3時間、4時間と話を聴いてくれた。とりわけ、県が『自殺』を『自死』に変える前後、こうしたメディアを通じての発信が、たくさんの人の目に触れ、自死について身近に考えてもらえた」

メディアからの問題提起はいまも続いているという。

「親しくなった記者さんは数年ごとに担当が変わり、転勤があり、私たちもそのたび、一から人の縁づくりをしなくてはならない。でも、新たに出会う記者さんは新しい目で問題をとらえ直し、伝えくれる」

例として桑原さんが挙げたのは、朝日新聞島根版の連載「いまもそこに『自死』という死」だ。7回の記事（14年9月14～21日）は、「虹」の協力で遺族や未遂者家族らを訪ね、長時間の聞き書きからしか得られない、細かく丹念な内側の事実と言葉を積み重ねる。浮かぶのは、県が言葉を変えたことがゴールではなく、どこまでも終わらぬ悲しみだ。記者は当事者のメッセージを伝える役に徹し、一人ひとりの死を、読み手の問題として共有させる。

「取材されるのが生まれて初めて、という遺族の仲間もいた。どんなふうに書かれるのか、当日の新聞が出るまで、怖かったそうだ」と、自身も取材を受けた桑原さん。「記事には、記者自身の思いや観念でなく、当事者が懸命に話したことがありのままに書かれていた」

当事者にとって、「いい記事」とはどんなものか。

「自死遺族のような、普通に暮らしながらある日突然、さまざまな問題に巻き込まれた当事者は、自ら発信するすべなど持っていない。自分の心がいまだに、何年たっても、家族に起きた出来事を整理できないでいる。つらくて、人にうまく話すことなどできない。そんな胸の内からとつとつとわき出ることの点と点をつないで、文章にしてくれる、代弁してくれるのが、記者の仕事なのだと思う」

仲間の遺族が皆、新聞を広げてショックを受けた記事も過去に少なくないという。

「取材した記者さんは『自死』という言葉で原稿を書いたのに、見出しの活字が『自殺遺族』になっていた」

「また、自死遺族という紹介の部分や私のコメントの中では『自死』を使いながら、それ以外は『自殺』の言葉だらけの記事もあった」

前述の連載「いまもそこに――」では、各回に「自死」の文字すら目立たず、もはや特別ではない死のありようが伝わってくる。

取材体験で記者も変わっていく

「被災地で取材者はどう変わったか? 当事者との間の『壁』を超えるには」という筆者の小論が、「Journalism」誌14年1月号に載った（本章2に収録）。東北の大震災の現場に入ったＮＨＫの取材者たちが、当事者と出会う中で原稿やテレビ中継での言葉が変わった、取材者自身が変わっていった――という調査を紹介した。

経験したこともない膨大な人の死と悲嘆が取り巻く（中略）被災者の『話を聴く』行為も、単に頭の中の『共感』」で済むものではなかった」

「それゆえ『知りたい情報だけ』の取材は、震災では困難で、被災者を傷つけもした」「一人では耐え切れないほどの苦しさを抱え、『聴いてもらってよかった』と言う人も多い。だからこそ、信頼を裏切ってはいけない」

引用した文章は、そのまま自死問題の当事者取材に当てはまる。筆者も06年、仙台で自死遺族の田中さんに出会い、初めて3時間近く、やり場のない悲嘆と怒りを受け止める体験から「自死」の言葉を知り、自らの原稿に使うようになった。

新聞は「自殺」の表記が主流だ。河北新報で14年1〜10月の関連記事を調べると、「自殺」のみの記事は、警察発表や学校のいじめ自殺、裁判などを中心に570本あり、通信社の配信記事が圧倒的に多い。一方、「自死」の表記は55本あり、「自死」「自殺」併記は27本。その大半は自社取材で、自死遺族たちの地域での活動が反映されている。

各地の自死遺族は、地元のマスメディアにも「自死」への言い換えを要望している。次は新聞が変化を問われる番だ。その変化は既に当事者の取材現場から生まれ、広がりつつある。当事者に触れることで取材者も変わる実例をまた一つ、冒頭のシンポジウムの会場アンケートに見つけた。

「『自殺』と言われることによる遺族の悲しみ、また言葉を『自死』と変えることの苦労がよくわかった。『自殺』と言われ悲しむ人がいる以上、やはり『自死』へと変えていかなければならないと強く思った。また参加者の中にも、熱い思いを持っていらっしゃる方が多く、私自身メディアで働くものとして、少しでも状況が好転するよう尽力していかなければならないと強く思った」（主催者の許可を得て掲載）

4 被災地で聞かれぬ言葉、当事者の言葉

2016年3月

1 はじめに

東日本大震災の現場を2011年3月から取材する記者の一人として、被災地の北から南まで歩いて当事者たちの話を聴いてきた。数えきれない走り書きの言葉が大学ノート40数冊分を埋めてきた。それらの言葉の内実は、被災地を流れる時間とともに変わってきている。

同胞、家族、半生で築き上げてきたものを失い、古里から引き離された人々からは、取り返しのつかなさへの悲嘆と悔しさ、奪い去ったものへの怒り、行き場のない憎しみがあり、それから、そうした未解決の感情を心に抱えながらの模索、再起、決意、あるいは諦めの言葉があった。

いま筆者が感じるのは、それらの言葉が「壁」に隔てられたように被災地の外に伝わらぬもどかしさ、被災地で聞かないのに外で語られる言葉への違和感、当事者とのギャップの広がりだ。筆者が日々過ごすジャーナリズムの場に流布してきた言葉の数々から、本稿では「復興」を主題として、震災から5年の被災地を取り巻く現実を「逆引き辞書」のように考えてみたい。

２　「復興」の行方　その１

まず取り上げたいのは、ほとんど「震災」「被災地」の対語として語られている「復興」という言葉だ。広辞苑で引くと、「ふたたびおこること。また、ふたたび盛んになること」という意味が載っている。もう一語、「復旧」という言葉があるが、こちらは「もと通りになること。もと通りにすること」というシンプル、かつ、明瞭な説明がある。それと比べると「復興」には、単なる「復旧」を超えて、もっと規模が大きく、以前の勢いを盛り返すというイメージがある。

その原型として、誰もが思い浮かべる歴史的事象のひとつが、日本中が焦土と化し、膨大な犠牲者が生まれた第二次世界大戦の悲劇からの復興であり、東京五輪の開催を象徴として経済大国に復し、国民が「豊かさ」を享受するに至った昭和20～40年代（１９４５～65年頃）の高度経済成長の〝成功神話〟であろう。

そうした「〝暗〟から〝明〟」に転換する壮大なドラマのような明るい響きが「復興」という言葉にはある。それは、昭和32年（１９５７年）に生まれて、東京五輪のテレビ放映の興奮をリアルタイムで知る筆者を含め、国民的な記憶につながっているものと考えられる。

２０１５年12月10日現在で、死者計１万５８９３人（行方不明者２５６５人）という未曽有の犠牲者を出した東日本大震災。被害は甚大で、被災地は、岩手・宮城・福島３県を中心に、広大なエリアに及ぶ。こうした規模の災害は、70年前に体験した戦災以来の巨大な惨事だった。そこからの再建の目標に「復興」という言葉が用いられたことは――戦災復興の体験を基軸とするならば――、これもまた自然な流れだったと言えよう。

この「復興」という言葉が、震災発生後に新聞に現れたのは意外に早く、河北新報では2011年3月13日の朝刊だった。記事の内容は感心したものではなく、当時の民主党政権が「11年度政府予算案を先に成立させてから、4月の補正で災害関連予算を」との方針を示したのに対し、自民、公明の野党が補正予算を優先させろと要求して対立している、との政争モノだ。

「復興になれば予算もかかるもの」という菅直人首相（当時）の発言がそれだが、この16年前、1995年1月17日に起きた阪神・淡路大震災では、2カ年にまたがり計3兆2298億円の復興関連予算を組んだ。その経験がすぐ予算論議につながったのだろう。が、「復興」が政治の主導権争いのテーマとして登場したことは、この言葉の後の行方を暗示していた。

3　現場取材者の言葉と葛藤

では、東日本大震災が起きた直後、東北の被災地の取材や報道の現場で使われた言葉とは、どんなものだったろうか。

仙台市の河北新報で記者をしている筆者が、被災地に最初に入ったのは2011年3月16～20日にかけて、宮城県石巻市、岩手県陸前高田市、大船渡市だった。大津波の襲来から間もない現場に足を踏み入れた刹那の印象は、母親が体験した1945年の仙台空襲や、歴史の教科書にあった原爆投下後の広島の写真などしか比較が思いつかなかった。そこにあった町がはぎ取られたような、すさまじい破壊の風景だ。

現実の感覚を失って立ち尽くし、打ちのめされ、声をなくし、何をしたらいいのか分からぬ無力感に襲われた。そのころ国会で政治家たちが引っ張り合いをしていた「復興」という言葉など、想像すらできなかった。

津波で断ち切られた線路の脇に三輪車があった、被災後の大船渡市内＝2011年３月18日

そこで出合った言葉がある。石巻市と大船渡市という別々の場所で、偶然に出会った被災者から同じ言葉を聴いた。それは「ごくろうさま。がんばって」という言葉だ。１人は不明の母親を探す40代の男性、もう１組は流された自宅跡から先祖の位牌、遺影を持ち出してきた初老の夫婦。自らが投げ出された悲劇を棚上げしてまで、その極限の現場に来てくれた地元紙記者に出した一服茶のようなねぎらいの言葉であり、起きたことを伝えてほしいという願いを託す言葉とも感じた。同じ東北出身者の筆者は「同胞」の気持ちが伝わってきて、泣けた。

同じ時期に被災地に足を踏み入れた他の取材者たちにとっても、筆者を打ちのめした無力感は共通のものだったと思う。現場や避難所で被災した人々に出会っても、そこからどう話しかけるか、どんな言葉で何を問えばいいのか……。廃墟となった古里で、家と暮らしを失い、家族が亡くなったり不明になったりした人々に、そもそも質問が許されるのか。そんな葛藤に苛まれ、否応なく自分が「他者」であると自覚する。それが始まりだった。

「息子を亡くし納骨をおこなった被災者にインタビューしている際に取材相手と一緒に泣いてしまった。取材者としては失格だと思うが、それ以降は取材相手とより一層打ち解けたつきあいができるようになった」。

「被災者と一緒に泣いた。涙の止まらない私を見て、被災者も泣きながら話してくれた」

「情報を聞き出すのではなく、一人の人間として、その方のお話を受けとめることです」

「放送で伝えることが自分の仕事ですけど、一人の人間として力になりたいので、何か手伝うことはありませんか」

「何度も会いに行き、自分という人間を信用してもらえない限り、難しいと実感した」

上に列記した言葉は、震災取材に参加したＮＨＫの記者、アナウンサー、ディレクター、カメラマンら２１７人の体験を聴き取り、「言葉」の視点で分析したＮＨＫ放送文化研究所の井上裕之主任研究員の調査（『放送研究と調査』２０１３年９月号所収）の一端だ。

一つの質問をするまで、取材者たちは「１人の人間としての当事者に向き合う」ことと、ニュースを切り取る任務とのはざまで苦悩した。その過程で「被災者」「がれき」「壊滅」など、遠くから現場の惨状をひとからげにする言葉に疑問を持っていったという。その詳細は、本章の「被災地で取材者はどう変わったか？　当事者との間の『壁』を越えるには」でご参照いただきたい。

被災地の人々がこうした状況にある時、すでに政治の場で独り歩きしていた「復興」という言葉は、それからどのように使われていったのか。河北新報の記事に載った事例から確かめてみたい。

4　「復興」の行方　その2

「われわれは政権に復帰をし、福島の復興なくして、日本の再生はなし。この基本姿勢の下に復興に全力を尽くしてまいりました」

「こうした復興をどんどんどんどん進めていくためにも、やっぱり日本の経済を強くしていかなければなりません」

「私たちはしっかりと、しっかりと、復興を加速化させていくことをお誓い申し上げる次第であります」

２０１４年12月14日、自民党の政権復帰後初の衆院選の公示日、福島県相馬市（筆者の郷里）の松川浦漁港で安倍晋三首相が挙げた第一声の演説の一節だ。「復興」という言葉は、この演説で10回語られた。

相馬市は東京電力福島第一原子力発電所（福島県双葉町、大熊町）の約45キロ北にあり、避難指示区域からは外れたが、東電が流出させた1万１５００トンの汚染水の影響で漁獲自粛に追い込まれた。津波被災者でもある漁業者たちは、忍耐強い努力で「試験操業」を重ね、ほそぼそとした量ながら安全な魚種の流通を復活させようとしてきた。

「日本経済を強く」するという話が大半の演説に、居合わせた漁業者は、取材に対して「よその世界の話のようだった」と話し、「復興」の言葉は胸には響かなかったという。「復興」は、ここでは政権公約のスローガンそのもので、被災地の人々の明日を描けぬ現実感や生活実感との乖離はいっそう広がった感があった。

東日本大震災を契機に「復興」が政治スローガンとなっていった原型は、河北新報の記事でさかのぼれる限りにおいて、2011年9月8日、民主党政権の野田佳彦首相（当時）が福島県庁で被災自治体の首長たちに訴えた「福島の再生なくして日本の再生なし」というセリフだと思われる。「再生」も東日本大震災を機に多用された言葉で、元首相はその後も繰り返し語り、翌12年12月の衆院選で、やはり政権公約のスローガンにした。

同じ選挙で政権復帰を果たした安倍首相は福島市での第一声で「被災地の復興なくして日本の未来はない」（同月4日）、首相就任後の会見では「復興の加速化が何より大事だ。国が前面に立って福島の再生に取り組む」（同月26日）と述べた。以後、「復興」は「福島」「被災地」「加速」との組み合わせを主として、施政方針演説や国会答弁、会見、談話などで語られ続けている。

「復興」と「2020年東京五輪」とを結びつけた政治の側の発言があったのは2013年3月4日。国際オリンピック委員会（IOC）による東京の会場調査の折り、竹田恒和招致委員会理事長が「聖火リレーを（東北で）実施し、復興した日本の姿を世界に発信したいと伝えた」と語った。

同年9月のブエノスアイレスのIOC総会で東京五輪招致は決まったが、その間の演説や会見で安倍首相は「（原発事故の汚染水問題の）状況はコントロールされている。東京に悪影響を及ぼすことはない」「復興を成し遂げた日本の姿を世界中の人々に向けて力強く発信していく」などと発言した。その後、「東京五輪・パラリンピックまでに東北、福島の復興を加速させる」（２０１４年２月14日の衆院予算委）、「何としても復興五輪としたい」（同９月29日の所信表明演説）と、どちらが主か従か分からぬまま、「復興」は「五輪」とも合体していった。

ただの復興ではなく「創造的復興」という言葉も大震災以後、流行語になった。これも政治の側から発せられており、阪神・淡路大震災から丸１年の追悼式で、当時の貝原俊民兵庫県知事が「フェニックスのように力強くよみがえる創造的復興に全力を注ぐ」と述べた。

この言葉は東日本大震災後の政府の復興構想会議でも用いられて流布した。元に戻す再生の枠を超えて、新たな時代のモデルになるような進化形に造り変えるイメージがある。これを多用し、やはりスローガンとしているのが、復興構想会議の一員でもあった村井嘉浩宮城県知事だ。「創造的復興を契機に宮城をつくり変える」（２０１５年11月23日の河北新報）、「自分のイメージ通りの復興をやり遂げたい思いがあるから、知事を続けている。きついが、自分の責任で『創造的復興』を完成させたい」（同月24日の同紙）。

この流れに対し、民間研究団体「兵庫県震災復興研究センター」の出口俊一事務局長の次のような反語的指摘がある。神戸市長田地区の再開発事業において、「神戸市が『創造的復興』と称して高コスト体質になる再開発を進めた結果、商店主たちは疲弊した。復興を契機にあれこれやるのは災害への便乗。東北でも同じことが起きているのではないか」（２０１４年８月12日の同紙）。

5　被災地の側における「復興」

東日本大震災での筆者の取材経験を振り返ると、「復興」という言葉を被災地の人々から聴いた覚えがない（当事者が語るのは事実のみだからだ）。震災から5年近くが経過して、それはいまだ現状からはるかに遠い理想郷のようなものであり、あるいは震災前の自分たちに戻ることは不可能になってしまったという諦めがあり、目の前にあまりに多くの問題が山積している現実があり、余りにもギャップを感じさせる言葉だからなのかと想像している。

前節で眺めたように「復興」が政治の側からたやすく、作為的に発せられることへの冷めた感情、不信、不快、憤りもあろう。河北新報「読者のページ」の投稿の中から「復興」という言葉を検索すると数多くヒットするが、その大半が反語的な表現だ。

「2020年の五輪開催地が東京に決まった。招致委員会の竹田恒和理事長が『福島から250キロ離れている東京は安全』と言った。その発言は福島の人々に対して失礼だと思う。被災地と東京を切り離しているような気がする。被災地の復興が忘れられてしまうのではないか、という考えを抱かずにはいられない。また『復興した日本を発信する』と安倍晋三首相は言っていたが、本当に復興できるのだろうか」。これは宮城県の中学生の投稿（2013年10月16日）の一節で、上述した被災地の感情の発露といえる。

「あれから3年10カ月がたとうとしているが、福島第1原発の状態が収束からは程遠いということも、故郷に戻れない十数万の人々がいるという現実も、〝復興〟という言葉の陰に押し込められ忘れ去られようとしているような気がしてならない」（2015年1月10日）。ここにも全く同様に、被災地の現実を覆い隠そう、忘れ去らせようとしている「復興」という言葉の流布に対する、東北の人々のいらだちがある。

「そんな中、復興事業費の地元負担が求められることになった。あの日からひとときも息を抜くことなく復旧・復興に汗している自治体と住民に『ギアをもう一段上げる』との担当大臣の発言は、余りに非情ではないか」（2015年7月8日）。

「安倍晋三首相をはじめ、国や政府は『福島の復興なくして日本の復興なし』と繰り返し発言している。だが点と線の復興はともかく、面的な復興は遅々として進まずの感が強い。仮設住宅とは名ばかりの〝恒久〟住宅になりつつある現実を見ると、政治の愛が届いていないと思う」（2015年2月28日）。

このような指摘の例は、まさしく枚挙にいとまがない。「復興」という言葉がいかに政治（あるいは選挙）スローガンとなっているか、そして、言葉の裏にある政治の非情な素顔を人々は見抜いている。

「復興」の意味やイメージが不明確で、誰にも共有されていない中で、その言葉が被災地を引き裂き、対立を生んでいる例もある。

震災後、被災地の多くの自治体には臨時災害FM局が生まれ、行政や生活の情報、DJ放送と憩いの音楽、住民生出演によるさまざまな訴えを伝えるメディアになってきた。しかし、多くの自治体で、政府の放送免許と運営の補助金交付が2016年3月で期限を迎える。

宮城県亘理町では、町が財政難を理由に放送継続に否定的なのに対し、地元の「FMあおぞら」は住民のために継続を求めている。その問題を報じた2015年12月2日の河北新報には、両者の次のようなコメントが載った。

FM局側は「復興途上の地域にとって情報発信はまだ必要」とし、一方、町は「復興途上で財政が厳しい中、多額の税金を投じることに住民の理解を得るのは難しい」。どちらの理由も真実なのだと思われる。復興のために住民向けの生の情報は不可欠であり、復興のためには限られた予算を正しく分配することも不可欠だ。

しかし、同じく町と住民の「復興」を目標としながら、両者は目に見えない情報とお金の間で対立し、最も大事な「復興とは何か?」についての議論と合意が存在しておらず、「復興」という大義をめぐって綱引きしている。ただ、問題の後ろにある真の問題とは、「復興」の旗を掲げながら、実際には政府に財源と支援を依存せざるを得ない被災自治体の弱さという現実であり、それが政治の側に「親方顔」、「どや顔」の「復興」スローガンを語らせ、言葉の意味をますます希薄にしている。

6 〝フクシマ〟をめぐって

「復興」に次いで、気に掛かっていた言葉がある。本稿の最後に、この点についても言及しておこう。厳密に言えば表記の話であるが、前者と同様に、その抽象的なイメージの陰で被災地の現実が忘れられてしまうのではないかという小さな危惧を感じていた。それは、「福島」ではない「フクシマ」という言葉だ。

考えるきっかけを、早稲田大学政治経済学部4年生の前場理恵子さん（22）にもらった。ゼミの論文で「ヒロシマ・フクシマはどのように表象されたか」というテーマを選び、筆者も2015年11月にインタビューを受けた。彼女は、原爆被災地のカタカナ表記に小学6年生で違和感を持ったことに加え、大学2年の時、筆者が福島第一原発事故の被災地報告を中心に早稲田で行った講義を聴いた後、偶然に見た全国紙の見出しの「フクシマ」への違和感が重なったという。

「フクシマ」への印象を問われ、筆者が真っ先に口に出した言葉は、失礼ながら「よそもの（言葉）だな」「気楽だね」「ふざけんな」だった（その発言を前場さんも記録している）。その理由はいくつかあった。

⑴抽象的なカタカナにしようがない（相馬市生まれの自分には最も具体的に内実を知る名称だから）。

⑵「福島」という言葉にこだわりがない。福島は、福島県か中通りの福島市を意味し、相馬、南相馬、飯舘、いわきなど浜通りとは、会津地方と同様、歴史的なつながりがない。県の一体感も薄かった。

⑶浜通りの双葉、相馬地方が原発事故で最も深刻な被災地であり、「フクシマ」というひとからげの扱いに違和感がある。福島第一原発の名から多くの人の耳目を集めた言葉だったか。

⑷そもそも福島県の人が自分のいる場所を「フクシマ」とカタカナで考えたことがない。

前場さんは2013年6月、福島市のJR福島駅周辺で、通行者を対象として「〝フクシマ〟という表記に違和感はあるか」を調査した。10〜70代の市民40人の回答は「抵抗を感じる」「どちらかというと抵抗を感じる」が100％だった。筆者の実感と同じだ。

前場さんが聴いた個々の意見は、「原発事故が（本当に）起こってしまったんだな」「フクシマがこういう形で世界的にも有名になるのはつらい」「カタカナを見る度に怖くなる」と否定的なものが多かったが、「〝フクシマ〟が〝ヒロシマ〟のように日本や世界に向けてのメッセージになれば」「確かに違和感はあるが、忘れ去られるよりはましである」と、やむなく前向きにとらえようとする人もいた。

前場さんの調査では、「ヒロシマ」表記が初めて現れたのは1946年。原爆投下直後の広島で、米国人作家ジョン・ハーシーが人々の声を記録し、発表した本の邦題が「ヒロシマ」だったという。英語の原題「Hiroshima」の日本語訳としてのカタカナ表記であり、世界に広く伝えるべき「国際語」のメッセージ性を込めたのだろう。国内のマスコミでもその後、おそらく同様の意味で、朝日新聞社を中心に「ヒロシマ」が多用されるようになったという。

河北新聞のデータベースを検索すると、新聞記事で「フクシマ」が使われたのは、原発事故があった2011年の8月。広島原爆忌の6日を前に、東京新聞が配信した「被爆国日本、原発推進の背景広島・長崎への原爆投下…第五福竜丸被ばく事故…そして福島原発事故」という長い特集記事が最初だ。ここでは上記の意味の「ヒロシマ」と対置して「フクシマ」という言葉が使われた。福島第一原発事故を原爆と並べうる世界史的出来事としてアピールする狙いがあったようだ。

２番目の記事は、６日の平和記念式典を伝えた共同通信の記事（同月7日掲載）。「脱原発と核兵器廃絶への思いを新たにした、ヒロシマとフクシマ。新たな核被害者の思いが被爆地に重なった」として、福島県須賀川市、福島市、浪江町から広島市に避難中の家族の声を紹介した。あらかじめ準備して取材した〝狙いモノ〟と思われる。

原発事故の直後といえる時期であり、書いた記者たちの意図や思いは理解できる。が、やはり筆者は違和感を覚え、「当事者と他者の違い」を感じた。地元紙の記者なら、ほとんどやらないことだからだ。

以下の理由も、前場さんのインタビューで話させてもらった。

(5)被災地の一つひとつの町や村、「○○地区の××さん」の名は、我々にとって具体的なもので、それぞれに抱える問題が多様で複雑だ。一人ひとりの声と事実を伝えることこそがジャーナリストの仕事である。

(6)カタカナ表記は、そうした事実をぼやけたもの、きれいごとにしてしまい、当事者のありのままの苦闘と苦悩、抱える問題を見えなくしてしまう。

(7)広島、長崎と原爆は、70年を過ぎた現在も抽象的な議論の対象ではなく、「いま」の問題であり、地元の語り部たちは「いまを生きているあなたがたと、子どもたちの問題なのだ」と身体と命を懸けて訴え続けている。現在進行形の事実であり、カタカナ表記にする理由がない。

2016. 3.

(8) 抽象化、さらには象徴化することは、現地からの距離が遠ければ遠いほど、そうした事実への人の思考を止めさせ、「風化」につなげてしまう。一方で原発事故の固定観念と「風評」を福島県全体に広めてしまった要因とも言えないか。それこそがいま、東日本大震災の被災地の内と外で起きている問題である。

7　むすびにかえて

本稿は、東日本大震災の被災地をめぐる、もしくは当事者をめぐる言葉の問題に関して、報道の現場で感じた断片を書き留めたものである。被災地の人々の痛みや悲しみ、苦しみが続いているのと同様に、この思索はいまもなお進行中である。したがって、「結論」の節を拙速に置くことは、敢えて控えさせていただきたい。

5　沖縄と原発事故に重なる中央の周縁視
現場の声と事実を伝える地元紙の使命

２０１７年３月

「ジャーナリズムにとって『公平』『中立』と『公正』とは何か?」と題するシンポジウムが２０１6年12月、早稲田大学で開かれた（同大ジャーナリズム研究所主催）。政府による米軍普天間飛行場（沖縄県宜野湾市）の名護市辺野古移設問題で地元の声を伝え続ける琉球新報、沖縄タイムズが「偏向報道」の批判を受ける現状に、両紙の編集者が当事者側の事実を挙げて反論。基地問題と東京電力福島第一原発事故に「中央」「周縁」の歴史的な構造が共通するとの見方、昨年の米大統領選以来の「何が事実か」をめぐる米メディアの試練に重ねる視点も提起された。筆者も参加した会場の議論を紹介したい。

本土が知らぬ沖縄の現実　「公平」が歪める事実の報道

琉球新報編集局長の普久原均さんは、辺野古問題の根にある沖縄の人々の怒りの理由が本土に伝わっていない、という最近の事例を挙げた。沖縄県うるま市で昨年4月に行方不明になった20歳の女性が遺体で見つかり、元米海兵隊員で軍属の男が殺人・強姦致死容疑で再逮捕された事件だ。

「県警が容疑者を逮捕したため、取り調べや身柄引き渡しなど、日米地位協定上の支障はなかったように見える。しかし、実態は違う。容疑者は米軍基地内で証拠隠滅を図った可能性があるにもかかわらず、基地内では直ちに捜査権を行使することができないのだ。（中略）米軍基地を治外法権のように規定し、米軍人・軍属の特権を認める日米地位協定が基地に絡んだ犯罪の元凶であることは誰の目にも明らかだ。しかし、今回の事件でも日本政府は日米地位協定の改定を米側に求めず、運用改善で幕引きを図ろうとしている」（2016年6月10日の同紙社説より）。

この社説の見出しは「米軍属再逮捕　基地内捜査権を認めよ」だった。容疑者は、女性の遺体を入れて運んだスーツケースを「基地内に捨てた」と供述した。「殺人の重要な証拠だが、いまだに見つかっていない。基地内に捨てられると、それだけで『証拠隠滅』になるからだ。ドイツの警察は自国内の米軍基地に捜査に入れる。日本はなぜ格差を放置しているのか？」と普久原さんは問うた。

シンポジウムに先立ち、同大のジャーナリズム演習ベーシックで学ぶ学生たちが「沖縄で考えたこと」と題する調査報告を行った。それによると、日本と同様に米軍基地が国内にあるドイツ政府は1993年に地位協定を改定し、基地内を国内法で管理し警察権も認めさせ、犯罪捜査の任務遂行のために警察が基地内に立ち入ることができるようにした。

「沖縄の新聞は『基地問題とは何か』を詳しく知らせているが、それに対して『中立でない』『公平でない』という批判がひんぱんに寄せられている」と普久原さん。

２０１５年６月、自民党若手議員による「文化芸術懇話会」で、沖縄の２つの地元紙が政府に批判的だとの意見が出たのを受けて、「つぶさないといけない」「左翼勢力に乗っ取られてしまっている」「報道で沖縄の世論がゆがんでいる」といった発言が相次いだと報じられた。

「世論調査で（辺野古移設）反対が最近は約80％、賛成は８〜12％。それを『公平』に扱えというのは、容認の意見を拡大して伝えることになる。それは例えば、いじめ事件の加害者の言い分を、紙面の半分を使って伝えるようなもの」と普久原さん。それこそファクト（事実）とエビデンス（証拠）の報道をゆがめ、デフォルメするのではないか、と疑問を投げ掛けた。

「沖縄は黙っていろ」

沖縄タイムス東京支社報道部長の宮城栄作さんは、上記の「文化芸術懇話会」の中で出た「広告主に、広告を出せないように圧力を掛けるべきだ」という発言を、「沖縄にとどまらず広範なマスコミに関わる報道圧力で、戦前戦中の報道統制に重なるもの」と危惧。「自分たちの意に沿わない新聞はつぶしてしまえ、と平気で言う人たちが国会議員になっている」と指摘した。好きなメディア、好ましくないメディアを政権側の人間が選別し、分断させている状況だという。

「『沖縄は黙っていろ、少数者は少数者として振舞え、もの言う少数者は許さない』。いまの政治状況から生まれている沖縄へのそうした言説が、昔から連綿とあった沖縄への差別を再び呼び起こしている」と宮城さん。

前年10月、アメリカ軍北部訓練場のヘリコプター着陸帯（ヘリパッド）建設反対の住民に、本土から来た機動隊員が「ボケ、土人が」と罵倒した事件もそこにつながる。

「『米軍は日本を守るのに必要だから、異を唱える者は非国民』といった沖縄への批判に最近、『琉球人は日本から出ていけ』という表現まで聞かれるようになった」と宮城さんは話し、「ヘイトスピーチの現場に、沖縄への差別がことごとく重なってきた」というジャーナリスト安田浩一さんの言葉を紹介した。

だが現実には、沖縄の人々の民意を無視しているのが政権の側なのは明らか、と宮城さんは指摘する。「辺野古移設に反対する沖縄県知事が選ばれ、県議会議員も多数を占め、衆議院選挙でも4選挙区全部で反対派が勝ち、これほど徹底して民意が示されながら、政府は姿勢を変えることなく自らの方針に固執している。民意が尊重されることのない『植民地』の扱いと受け止めざるを得ない」

本来、国土のすみずみが自立的な発展を遂げるよう後押しするのが国の役目なのではないか。「基地がなければ、沖縄の人々は（軍用地料や雇用先、収入を失って）生活できない──といった事実でない情報を、知識人といわれる人たちがメディアに流している」という別の難題とも、沖縄の新聞は苦闘していると宮城さんは訴えた。

筆者は15年3月、琉球新報などが主催した「フォーラム3・11　今できること」という東日本大震災の被災地支援の討論会に参加して沖縄を初めて訪ね、那覇新都心や北谷《ちゃたん》町桑江・北前地区のにぎわいを目にした。いずれも米軍からの返還地で、その後の新たな街づくりにより生産額、雇用者数、税収は前者が返還前の30倍前後、後者は100倍前後になった。政府は沖縄振興策に「ユニバーサル・

スタジオ・ジャパン」誘致を後押しし、頓挫したが、地元の自立的な開発、成長に勝る振興はないことは既に証明されている。

中立、公平は中央の論理　原発と通じる周縁の犠牲

筆者は東北の同じ地方紙の記者という「当事者の事実」を取材し書いてきた立場で議論に参加した。沖縄であった「土人」との暴言問題を受け、紹介したのは1988年2月、当時大阪商工会議所の会頭だったサントリー元社長による「東北・熊襲」発言だ。東京一極集中の弊害解決のための「遷都」論議のさなか、名乗りを上げた仙台市を「東北は熊襲の産地。文化的程度も極めて低い」とさげすみ、東北では怒りの不買運動が広がった（熊襲は九州の先住民で、東北の先祖は蝦夷）。関西の人としては大和朝廷から征服された「蛮族」の土地と思っていたのだろう。

なるほど東北は千数百年来、大和朝廷や源氏などから征服された「敗者の地」であり、昔から寒く貧しく凶作、娘身売りも相次いだ歴史があり、戦後も集団就職や出稼ぎで働き手を、自然の資源や電力を高度成長期の東京に吸い上げられてきた。福島県浜通り、青森県下北地方などは広く安い低開発地とみられ原子力施設の適地として買われた。

そうした地域の歴史を背負った河北新報（1897年創刊）の社名は、戊辰戦争で東北が敗れた後、古里を占領した西軍人士の「白河以北一山百文」（百文の値打ちしかない土地だ）という蔑視、差別の言葉への反骨から生まれた。

福島第一原発事故の後、荒野と化した原発近くの集落跡＝2014年10月11日、福島県大熊町

社是に掲げられたのが「不羈《ふき》独立」。政党新聞や御用新聞が多い時代にまだ稀有だった、「誰の支援にも頼らず縛られず、自ら稼いで独立し、地域の人々のために言うべきことを言い、おかしいことはおかしいと書く」というジャーナリズムの信条だ。

背景にあるのは明治藩閥政府以来の「中央」との闘い。常に地方の読者に拠って立ち、当事者の声と現場の事実から問題解決を訴えるのが地方紙の生き方であり、「共に生きる」絆が力の源泉になってきた。沖縄の２紙も同じ生き方をし、地元の読者から選ばれた新聞だ。「中立、公平」とは地方に生きる当事者から遠く離れた「中央」側の論理であり、宮城さんが語ったように、その押し付けは地方の苦悩、解決を訴える声を見えない、聞こえないものにする。

２０１１年３月の東京電力福島第一原発事故の後、「原発と沖縄の基地問題は同じ構造の中にある」と共感の声を河北新報に載せたのが、沖縄の作家、大城立裕さんだ。「危険な原発は、東京の人々の生活を助けるために地方に設置され、沖縄も（日米関係や安全保障政策で）本土のために犠牲を強いられてきた」（11年9月23日付のインタビュー）、「『アメとムチ』による押し付けの社会がずっと続いてきた。はびこる中央の倫理は、日本の宿命的な構造なんだと思う」（12年3月21日付のインタビュー）。政府が米軍基地や原発の負担を求める際に使ってきた「公益性」「公共性」とは中央の利益であり、そこに現地の住民の生活は入っていない、との大城さんの指摘を筆者は紹介した。

早稲田大のシンポジウムの司会を務めた野中章弘教授（同大ジャーナリズム研究所副所長）は、これを受けて「沖縄や原発立地の地域をずっと低開発のままの状態にし、中央に依存させておく。そうした『周縁』の犠牲の上に、この国が成り立ってきた」と語った。

何が事実で真実なのか　信頼は「降りない」新聞に

遠い「周縁」の声と現実を、日本の他の人々に聞こえない、見えないものにするため、主体性ある沖縄の地方紙に対して「中央」側が用いたのが「偏向」という言葉、レッテルだった――。

ニューヨーク・タイムズ前東京支局長のマーティン・ファクラーさんはそう語り、「言葉で伝えるメディアを言葉を使って殺そうとしている」といまの状況を表現した。03年から東京で仕事をするファクラーさんはたびたび沖縄を取材で訪れてきたといい、その印象は「『中央』と『周縁』という言葉以上に、現実は『植民地』のように見える」。

ジャーナリズム演習ベーシックの学生たちは沖縄史への考察も報告した。それによれば1872～79年、旧琉球王国を明治政府が「琉球処分」で日本に併合して以後、「国内植民地」として同化政策が進められた。第二次大戦では本土防衛の時間を稼ぐ「捨て石」とされて住民が戦火にさらされ、当時の人口の4分の1が犠牲になった。さらに戦勝国・米国によって「戦利品」として切り取られ、日米の主権の谷間に押し込められた。

ファクラーさんはこう述べた。「沖縄の経験は本土と全然違うものだ。(前年の参議院選で)本土で自民党が勝っても沖縄の結果は全く違った。だが、何も変わらない。沖縄が基地反対の声を上げても、政府の姿勢は本土の場合とまるで違う。沖縄と東京、本土の間には差別も『二重基準』もあると思う。最近は沖縄で『独立論』も盛んに語られるようになり、人々の考え方に根本的変化も見えてきた」

米国ではドナルド・トランプ新大統領が登場した。トランプ氏と陣営は昨年の選挙の過程で、露骨な「メディア・バッシング」を、有権者を煽るための大きな武器に使った。「トランプ氏は、自分を批判するニューヨーク・タイムズやワシントン・ポスト、CNNなどを『偏向』『うそつき』と攻撃し、『発行部数を減らして、(経営が)だめになる』と脅した」とファクラーさん。

トランプ氏自身のツイッターの発信とともに、ファクトとエビデンスに基づかない「フェイク(偽)ニュース」サイトが選挙戦のライバルをおとしめるデマを流し続け、支持者を勢いづかせて選挙戦を混迷させた。1月の記者会見でも、意に沿わぬCNNの記者の質問を拒んで「フェイクニュース」と言い放った。宮城さんが訴えた沖縄の2紙を取り巻く状況と重ならないか。

ファクラーさんは、しかし、そこに絶望でなく、メディアへの信頼回復の希望も見ている。「トランプ氏から攻撃されたメディアは、いまも批判を続けている。(何がファクト、トゥルースかをめぐる)闘いを降りていない。そこが、読者や視聴者の評価を集めるようになった。ニューヨーク・

タイムズは、毎日１万人ものネット購読者を増やし（前年の10〜12月で27万6千人増）、ＣＮＮは史上最高の利益を出した。闘いは苦しくとも、降りなければ、いい結果が出る」

前年２月には、「放送局が政治的公平性を欠く放送を繰り返した場合の電波停止も可能性がある」という高市早苗総務相の国会発言もあった。沖縄の２紙をめぐる状況は、日本の他のメディアをも沈黙させ、分断させようとする流れにつながっている、と野中教授。「戦前・戦中の新聞統制の時代に近づいていると感じる。遠い沖縄の出来事ではない。分断や孤立を座視することなく、日本のジャーナリストたちが連帯することが必要だ」と呼び掛けた。

6　大川小の「止まった刻《とき》」8年目の検証、そして判決

２０１８年６月

満天の星の下に眠る校舎の廃墟。「午後3時37分」で止まった教室の壁掛け時計。夜の祭壇に祈る夫婦。２０１８年１月12日、河北新報に載った石巻市の大川小学校事故の記事「星空の静寂に思う」の写真だ。

２０１１年3月11日、東日本大震災の大津波で児童74人が犠牲になり、教職員10人も死亡。助かったのは児童４人と教務主任１人という未曽有の惨事。14年３月、児童23人の遺族が石巻市と宮城県を提訴した。写真の夫婦は6年生の長男を失い、自宅でも両親と娘２人も亡くし、自死を念じながら夫が原告団長を託されて「真実を明かしたい」一心で踏みとどまり、元旦に大川小で祈り続けた。

同じ12日に始まった連載「止まった刻《とき》　検証・大川小事故」の前文にこうある。「戦後最悪の学校管理下の事故を巡る仙台高裁判決が今春にも言い渡される。あの時、大川小で何があったのか――」

震災から8年目に当たる新年企画に大川小事故を選んだ理由を、木村正祥報道部長（現論説委員会委員長）に問うと、「震災はいまだ何も終わっていないことを、被災地の新聞として伝えたい。その

象徴が大川小事故。新しい証言も語られ始めた」と語った。

証言と記録を網羅、掘り起こし

大川小事故では、11年6月にあった市教委の遺族への第2回説明会で、亀山紘石巻市長が「津波は自然災害の宿命」と発言（のちに謝罪）。8月には生存者である教務主任や児童たちへの聞き取りメモを廃棄したことが判明。「なぜ、児童たちは避難が遅れたのか」という遺族の最大の疑問に、市が翌13年2月に設けた事故検証委員会（第三者委）は「避難開始の意思決定が遅く、河川の堤防付近を避難先としたことが直接的な要因」と後に報告。大地震発生から津波襲来までの50分間に何があったのか、との核心に踏み込まず、失望した遺族が市などを相手取り仙台地裁に提訴。16年10月26日の一審判決で勝訴した。

一審判決では、大川小は市の津波被害予測地図（ハザードマップ）から外れていたが、津波の7分前ごろ、市の広報車が高台避難を呼び掛け、教員らは大津波を予見、認識したと認定。津波襲来直前に近くの北上川堤防付近に避難を始めたとの点について、児童も登れる学校の裏山が避難場所として支障がなく、避難の判断に過失があったとした。

「止まった刻」は、それまで積み重ねられた生存者らの証言や取材記録、そして、記者たちの新たな掘り起こしで得られた証言を網羅。児童、教員、住民、保護者らの話や行動を――食い違いや矛盾、疑問は整理しながら――校長不在だった当日、教員らが判断に迷い続け、児童たちが校庭で不安そうに待ったとされる津波襲来まで――を可能な限り再現した。

連載は、「葛藤 教務主任の3・11」「激震」「迷い」「緊迫」「漆黒」の計5部（23回）に続き、親たちの衝撃と苦悩を「地獄」、真相究明への模索、学校・市教委側との対立から地裁判決までの「追及」を計11回。4月26日にあった仙台高裁の判決の意味と影響を第8部の「波紋」（5回）で追った（第9部「明暗」は5月下旬）。読者は共に事故の現場に立ち会い、当事者の声に触れ、問われるべき一つひとつの事実に目を凝らすことができたのではないか（連載は2018年度新聞協会賞を受賞）。

高裁、組織的過失を認定

「大川小 事前防災に過失 市教委の責任も認定 津波浸水『予見可能』」

4月27日の同紙1面の見出しだ。二審判決は、「学校が事前に高台の避難先を決めておけば、事故を回避できた」とし、それを怠った大川小の危機管理マニュアルの不備や、地域の実情に応じた見直しの指導義務があった市教委の責任も認定した。ハザードマップの正しさについても地域から検討すべきだった――と指摘。教員たちの避難への判断の過失のみを認定した一審判決を、学校・市教委の組織的過失へと変更し、「ハザードマップ」依存の防災の在り方も否定した。

判決は驚くほど具体的で、本来適切な避難場所として約700メートル離れた「バットの森」という高台を挙げた。以前、全校児童と教職員、保護者ら約300人がバットの原木となるアオダモなど約550本を植樹した場所だった。「止まった刻」の4月30日の判決検証記事は、生存者の1人となった元児童の「児童の半数が来たことがある場所。事前に周知や訓練し、整備されていれば避難に適した場所になったはずだ」との声を伝えた。

「(津波で)近隣住民の８割超が死亡した」「学校が津波を予想できなくても仕方がない」と市側は主張した。が、判決は「学校は住民と意見交換し、『津波は来ない』という認識に根拠がないことを伝え、避難場所や方法を事前に調整しておくべきだった」と戒めた。

５月３日の「波紋」第５回は、大川小が津波避難場所となりながら、住民と話し合いがほとんどなかったと指摘。09年以降、「シイタケ栽培の学習に使っていた裏山を所有者に返却。校舎内での肝試しや、保護者によるスキー教室に教職員が同行することも中止した」事実とともに、「地域との強い結び付きを、大川小は命を守る防災につなげられなかった」と伝えた。

30年以内の発生確率が70～80％とされる南海トラフ地震など、次の災害にどう備えるか、全国の自治体が模索するさなか。事前防災の見直しを迫り、学校の重い責任を問うた大川小事故の判決は衝撃であろう。地域の住民と学校は、子どもの命と安全を守る一体の防災チーム。大川小を悲劇の象徴でなく、その新しい原点としなくてはならない。

(最高裁は19年10月11日、石巻市と宮城県の上告を棄却。提訴から5年7カ月、遺族の勝訴が確定した)

7　県民を守り感染者も守る
岩手県知事の訴えの意味

２０２０年９月

「ついに出たという印象だ。最近は人の往来が多く、今まで感染者が出なかったことがおかしいくらい」「東京の状況を見ればいずれ岩手で出ると思っていた」

7月29日、岩手県が新型コロナウイルスの県内初の感染者が２人出たと発表し、翌日の河北新報が報じた記事にある地元の声だ。全国で唯一「感染確認ゼロ」を続けてきた岩手の人々の反応はそれだけでニュースになり、民放のワイドショーも競って取り上げた。

誹謗中傷を許さない

医師の充足度合いを示す国の医師偏在指標で、岩手県は新潟県と同率で全国最下位に並ぶ。「県内での偏在も著しく医師２４５８人中、半数超が盛岡周辺で勤務する」「県全体に感染が広がれば、医師をはじめ医療スタッフが足りなくなる懸念がある」（7月4日の河北新報）との現状から、医療現場の毎日の緊張感は逆に極限に近かったのではないか。

「大変だろう」「ショックだろう」と報道側は反応を想定したに違いないが、冒頭の記事のコメントのように、筆者が聴いた岩手の人の反応も次のような冷静なものだった。

「いつかは出ても仕方がないと思っていた。盛岡も田舎なので住民はほぼ一人一台の車通勤で、日常に『密』になる場が少なく、職場や家で皆、真面目に注意していたけれど」

「それよりも余計なお世話で、不愉快だったのが誹謗中傷の話。大半は県外からと聞いた」

後段の話は、最初の感染者となった人の勤務先に抗議が殺到した問題だ。８月１日の河北新報によれば、「感染した人間はクビにしろ」「従業員の指導がなってない」などの電話やメールが１００件近く。勤務先が誠実にＨＰで社員の感染を公表したところ、ネット掲示板でたちまち社名が流布してアクセスが過熱し、サーバーがダウンしたほどだった。

達増《たっそ》拓也岩手県知事はそれまで「第１号になっても県はその人を責めません」「陽性は悪ではない」「感染未確認でいつづけることは目標でない」「陽性者には、お見舞いの言葉を贈ったり、優しく接してあげてほしい」（5月15日の朝日新聞）と、記者会見で県民の緊張感を和らげていた。が、感染者への誹謗中傷が出ると、7月31日の会見で「犯罪に当たる場合もある。厳格に臨む意味で、鬼になる必要がある」（翌日の同紙）と発言した。

排除される側の痛み

「自粛警察」の行為が報じられてきた。〝感染防止の努力違反〟と目した店や個人、車の持ち主らに言葉や張り紙で威嚇をし、〝危険〟のデマ情報をネットに流し、各地で営業妨害などの騒ぎを生んだ。達増知事の発言は、コロナ禍から県民を守るのと同様、感染した人をも中傷や不利益から守る――との警告だった。

「(県は) 問題があると判断した書き込みを画像で保存する業務を今月から始める。書き込まれた相手が名誉毀損で訴訟を起こす際などに画像を提供し、裁判の証拠として活用してもらう」(8月3日の読売新聞オンライン)

今回の問題は「感染確認ゼロ」の〝神話〟を守ろうとする県民のいわば自己防衛意識が高じ、暴走した――などとする分析も東京発のネットメディアで読んだ。しかし、前述の知人の感想は「県外からの誹謗中傷が大半」「余計なお世話」と逆である。達増知事の一連の発言も、東日本大震災、福島第一原発事故の被災地となった東北の人間が理解できる感覚、心情だった。

「放射能」をめぐり、福島の人々が復興の望みを託す農水産品への根深い風評(「風評でなく実害」との非難を筆者はじかに聴いた)、石巻の膨大ながれきの処理を支援しようとした九州の自治体で起きた強硬な受け入れ反対運動、首都圏であった福島の避難者家族の児童へのいじめなど、コロナ禍の下の誹謗中傷被害に通じる「異端視され、差別、排除される側」の孤立と痛みを記憶しているからだ。

岩手の浜でも、津波被災の日から住民が支えあって困難を乗り越えた＝2011年３月19日、大船渡市小石浜

語るべきは首相だ

「日本ならではのやり方で、わずか1カ月半で（コロナ）流行をほぼ終息させることができた。日本モデルの力を示した」

安倍晋三首相が5月25日、東京など5都道県の緊急事態宣言解除の発表の際にこう自画自賛したのは記憶に新しい。が、実体は国民の自粛努力頼み、世間の自粛圧力頼みの姿勢であり、「Ｇｏ Ｔｏ」キャンペーンなど経済優先のバルブを開けた途端、全国の感染者は再び急増し、日本型モデルなる幻想も雲散霧消した。

地方が抱える不安の源は外界からの感染拡大のみならず、自己都合と自己責任論で保身する政権そのものだ。「県民を守り感染者も守る」とは本来、国民を支える首相が語るべき言葉ではなかったか。その安心感こそが街々の経済再生の基であると、新聞は伝えてほしい。

第4章　ルポルタージュ　被災地のいま
2020. 1-11.

南三陸町の志津川の被災地でいまも建設が続く防潮堤。湾を挟んだ白い建物がホテル観洋＝2020年7月17日（218～237頁）

東日本大震災、福島第一原発事故から10年を刻むいまも、被災地は被災地であり続けている。いまだ帰還者が少なく土色の風景が続く町々では、新型コロナウイルス禍という予期せぬ新たな災害が、懸命な復興への努力の道筋に立ち塞がった。廃炉まで40年を要するという福島第一原発では、「アンダーコントロール」(汚染水など原発事故の状況は完全に制御されている)という政治の虚言を暴く、120万トン余りのトリチウム廃水の海洋放出問題が沿岸の漁業者らを苦悩させる。2020年現在の、何も終わっていない難題山積の現実を、被災地の声を集めたルポルタージュでお伝えする。

1　原発事故10年目の「福島県飯舘村」
――篤農家が苦闘する「土の復興」はいま

２０２０年１月

　１月初め、常磐自動車道を南相馬インターで降り、阿武隈山地に分け入る峠道を越えて福島県飯舘《いいたて》村を訪ねた。

　２０１１年３月の東京電力福島第一原発事故での被災から、間もなく10年目を迎える山村は、人けのない冬枯れの風景に眠っていた。

　原発事故まで約６２００人が住んだ村は、拡散した放射性物質による汚染のため政府から全住民の計画的避難を指示され、環境省の大規模な除染作業を経て、17年３月末に避難指示が解除された（帰還困難区域の長泥地区を除く）。

　現時点の登録人口は５４６７人。このうち帰還届を出した村内居住者は１３９２人と村のホームページにあるが、避難先だった福島市などにも家を持つなど二重居住の世帯も多く（固定資産税などは国が減免）、通年で暮らす帰還者はまだ少ない。村内で営業中の店は道の駅やガソリンスタンドなど一握りで、各集落には野積みされた黒い除染土袋の仮置き場がいまも居座る。

菅野さんが再開墾に挑み、土をよみがえらせた放牧地＝2020年1月4日、福島県飯舘村比曽

帰還した篤農家

菅野義人さん（67）。原発事故の翌年から取材の縁を重ねてきた農家だ。

同村南部の比曽地区で、原発事故前は和牛繁殖を手掛けて成牛、子牛を40頭近く飼い、放牧地と採草地は計10ヘクタール。コメは、水田2・4ヘクタールで「あきたこまち」を栽培した。標高約600メートルと村一番の高冷地にあって冷害に強い良質米を育て、原発事故の前年には10アール当たり660キロ（11俵）もの収量を上げた篤農家だ。

しかし、いま水田の一部は仮置き場の下になり、手塩にかけて育てた牛たちも避難の際、わが身を切る思いで畜産市場の競売に出すほかなかった。

その日から帰還を誓い、比曽から近い二本松市内に避難しながら、住民の仲間やボランティアたちと地元の放射線量を測定し、再居住と営農再開が可能な除染方法を実験し、環境省の除染担当者たちに提案を続けた。

避難指示解除とともに妻久子さん（67）と自宅に戻り、農地の復旧に取り組んでいる。その苦闘の歳月と、帰還後の開拓者のような暮らしを菅野さんは、前年1月の取材で次のような言葉で語った。

「除染前だと、（放射線量が）家の前で6マイクロシーベルト、裏に回ると20マイクロシーベルトという所もあった。その仲間と支援者の人たちと一緒に、わが家の居久根《いぐね》（＝屋敷林）の土や枝を除去して、粘土層まで深い穴を掘って埋設する実験もしてきた。放射線量を劇的に下げたし、地下水にも放射性物質が出ないことを継続的に証明できた」

「『農家の自分が何をやっているのか？』と思ったこともある。だが、他の誰がやるのか？　息子や孫にやってくれと言えるか？　線量を下げることが帰還のカギになるのなら、生かしてもらえる時間があとせいぜい20年だとしたら、自分たちが今やらなくては。60代の私たちの世代の責任であり、使命なんだ。できることを一歩一歩やっていくしかない」

帰還からほどなく3年――。菅野さんの暮らしはどう変わったのか。苦闘は続いているのか。

現れぬ地元の担い手

この朝、比曽に向かう山あいの道は半ば凍結し、かつて水田の緑で埋まった小盆地は仮置き場を抱えて荒涼たる枯草色に染まり、空から小雪が舞っていた。

住民の姿が見えない集落の高台に、菅野さんの自宅がどっしりと立つ。１９１２（明治45）年建造の大きな木造民家を、宅地除染を終えた後の5年前に解体し、杉、ヒノキの太い柱や梁をそのまま生かして白壁と焦げ茶色の板壁、黒い瓦屋根の家へと改築した。「継承と再生」の決意を込めて。

菅野家の歴史は1607(慶長12)年にさかのぼる。比曽で初めて居を構えたのが15代前、他国から改易された菅野但馬という武士だと伝わり、江戸時代は相馬中村藩の下で代々「肝入」(名主)を務めた。

高冷地の開拓、営農の難儀は現在の比ではなく、1780年代、餓死、病死、逃散で藩の人口が3分の1に減った天明の飢饉では、当時91戸の比曽村で残ったのがわずか3戸。そこに菅野家の先祖がおり、荒れ果てた比曽で再び開拓の鍬を振るった。

「それが復興の原点。先人の労苦を思えば、乗り越えられない困難はない。原発事故もまた歴史の試練と思い、帰還以外の選択肢は自分になかった」と、菅野さんは語った。

原発事故前の比曽の行政区には85戸の住民がいた。避難指示解除の後、菅野さんの夫婦を含めて7戸が帰ったと聴いていたが、その後、村役場に帰還の届け出をしたのは20戸に増えたという。しかし、避難前の農業に復したのは菅野さんと、長年地域づくりの盟友で共に除染実験にも挑み、花のハウス栽培を再開した農家菅野啓一さん(65)を含め4戸しかいない。

「実際に住民が戻ってきている家は12~13戸程度のようだ」。菅野さんはカラー刷りの「比曽行政区作付再開計画図」という、19年10月付の資料を見せてくれた。

村民の帰還と営農再開のための土地利用が進まない現状から、村役場は「意欲ある担い手への農地集積」を急ぎたい意向で、各行政区に「住民の意向をまとめてほしい」と要請したという。その聞き取り結果を地区の農地図に反映させた資料だった。

菅野さんは２年前、福島県の農業部局の担当者から、「県としては、(２０２０年の）東京オリンピックまでに被災農地の60％で営農を再開させる目標がある」という話を聞いていた。なぜ東京オリンピックなのかは不明だったが、村の担当者からは「担い手への農地集積は国策」という話も聞かされた。県が設けた「農地バンク」(農地中間管理機構）を通じ、農地貸し付けに協力する農家に10アール当たり１万３０００〜３万１０００円の「地域集積協力金」が出るという（現在は５０００〜２万８０００円)。

さらに、もはや農業をしないと決めて農地を貸し出す住民には、１戸で上限50万円（２０２１年まで）から25万円（22年以降）もの「経営転換協力金」が支給される手厚さだ。

本来、意欲ある担い手が同じ地区内で農地を集めるのが理想で、地域の復興にかなう方策ともなる。しかし、見せられた作付再開計画図では、「貸したい農地」を示す赤が大半を占め、ほかには「自分が作付けして管理していく農地」の黄色、「未定の農地」の緑があるだけ。

個別の理由は、「自分は花作りをし、田んぼは貸したい」「息子が退職後に就農するので、貸さない」「(協力金だけで）借地料をもらえないので、貸さない」などさまざま。分かったのは、肝心の「借りて集積したい」という意欲ある農家が地元にいないことだった。

復興いまだ始まらず

避難指示の解除以来、前年まで飯舘村で稲作を再開したのは、農家25人と１つの農業法人。栽培面

農地の土を重機ではぎ取った除染作業＝2016年、飯舘村比曽（菅野さん提供）

積にすると、主食米が28・７ヘクタール、牛や豚の飼料米が13・６ヘクタール。村内で４７１戸の農家が計６９０ヘクタールの水稲栽培をしていた原発事故前と比べると、再開は、村全体でもいまだ1割に満たない。

避難中から自宅の水田に通って栽培実験を重ね、帰還と同時に食用米作りを復活させて出荷している農家も、筆者は村で取材した。だが、それは例外的で、食用米に関してはいまなお「風評」を懸念し、自家消費分として作っている農家が多数だ。

菅野さんは、今回の農地集積について、「村内に担い手７～８人の新しい農業法人があり、そこが（集積した農地の）受け手になって飼料米やホールクロップサイレージ（稲発酵粗飼料）用の稲を作る見込みだ」とも村の担当者から伝えられた。

飼料米は、国内のコメ余り対策と高騰する輸入飼料の国産化を兼ねて、農林水産省が10アール当たり積算で８万～10万５０００円もの補助金を農家に出して生産を促しており、２年前には全国で約50万トンに達した。

同省は「飼料業界の需要量が約１２０万トンある」として、それを２０２５年の生産目標にする、と食料・農業・農村基本計画で決定している。

とりわけ原発事故の被災地となった福島県相馬地方では、地元農協も、「風評被害の影響が少ない飼料用米の生産拡大が効果的な対策」（ＪＡふくしま未来）と増産を奨励。飯舘村に隣接する南相馬市では昨年、水稲栽培が原発事故前の作付面積の半分を超えたばかりだが、その３分の２が飼料米だ。

1607（慶長12）年にさかのぼる先祖をまつった社に手を合わせ、開墾の労苦をしのぶ菅野さん＝2020年1月4日、飯舘村比曽

「風評の心配だけでなく、天候不順などでコメの等級が落ち、青米（未熟粒）や虫食い米が出ても、飼料米は『量』で買ってもらえるのでリスクが少ない」という南相馬の農家の本音を、以前の取材で聴いていた。

20年1月20日の河北新報は、「『天のつぶ』食卓遠し」の見出しで、福島県の目玉品種「天のつぶ」の栽培が飼料米用に偏り、主食米用の作付が昨年、県内で前年の４８００ヘクタールから３６００ヘクタールに落ち込んだと報じた。

飯舘村でも、稲作復活の先行きはまだ見えない。

前述の比曽地区の花作り農家で、農地集積に携わる村農業委員会の会長でもある菅野啓一さんは、「ほとんどの水田は除染で表土を剝ぎ取られた後、環境省が応急の『地力回復工事』（営農再開支援としてカリウムなどの基本肥料、放射性物質の吸収抑制効果がある土壌改良材ゼオライトを投入した）を行ったままの状態」と言う。

「国の基盤整備（水田の再整備）事業を待たなくてはならず、そのためにも地区ごとの農地利用の意向取りまとめが必要だった。それからが準備スタートで、村挙げての基盤整備事業となれば何年掛かるのか、まだまだ分からない」

飯舘村ではこれまで莫大な国の復興予算が投じられ、学校とスポーツ施設整備に約50億円、新公民館に約11億円、道の駅に約14億円など、そのたび「復興のシンボル」と称された大きな「箱もの」施設が建てられ、復興大臣らが来村しての華やかな祝賀イベントが催されてきた。

しかし、村民本来の生業の土台である農地を見れば、「復興」はいまだ始まってもいないのが現実だ。

無数の石との闘い

菅野義人さんが真冬も休まず、除染後の再開墾を続けている最中の農地を見せてもらった。

自宅の裏山の斜面を切り開いた約2ヘクタールの採草地が、環境省の除染作業で表土を剝ぎ取られ、その跡に見渡す限り露出したのは石。淡い積雪の間にごろごろと並ぶ大きな石だった。直径50センチ前後から1メートルを超えるものまである。

除染作業の重機で固まった土壌をとりあえずトラクターで破砕し、さらに深耕し、反転させ、除去すべき石ごといったん掘り起こした状態だという。

除染後の農地は本来、営農再開が可能な状態にして農家に引き渡されるのが筋だが、菅野さんは除染作業中の16年、環境省の現場担当者から、「こちらの仕事は放射性物質の除去で、農業再開ではない」と言われた。

石礫の除去も担当者に再三交渉し、いったんは作業の一環として撤去を約束させたものの、途方もない量のため人力では追いつかず、結局は一部のみで放棄されたという。

引き渡しを受けた18年の秋から、たった1人での再開墾に挑んだ。

露出した石の大きなものには、赤いスプレーで丸の印が付けられている。

無数の石礫を自力で掘り起こし、除去しなければならない＝2020年1月4日、飯舘村比曽

「自家用のバックホー（ショベル付きの小型重機）で一つひとつ捨てるしかない。30センチ前後の小さなものは、春になったら国の営農再開支援事業を利用してストーンピッカー（トラクターに装着し、石を土ごと掘り出してふるい分ける機械）の作業を委託するつもりだ」と言う。

「この土地では、先祖の昔から、開墾は石との闘いだったんだ」と菅野さん。膨大な石を取り除く作業は、しかし、「土づくり」による農地復興の始まりでしかない。

除染された農地が引き渡された後、菅野さんが真っ先に行ったのは土質分析だった。放牧地、採草地、畑、水田の計7カ所の土を採り、pH（酸性、アルカリ性の強弱）や保肥力、窒素、カルシウム、リンなどの多寡を調べ、それぞれに適した施肥など、土壌改良の方法を考案した。

しかし、病み上がりの人に栄養剤だけを与えても体力が戻らないように、石を取り除いて深耕した農地を健康に肥やしていくにも方法がある。

菅野さんは石灰散布などとともに、実質的に1年目だった19年の春から土地の再生を始めた。5月中旬にヒマワリなどをまいて育て、夏に細断し、すき込んだ。9月には燕麦などをまき、晩秋から初冬に再々度細断してすき込みを行った。

「いままでに開墾し土づくりを始めた農地は6ヘクタールほどだが、少しずつ土の色が変わってきたのが分かる。原発事故前は、牛舎から出る稲藁の堆肥を土にすき込み、新しい稲藁を牛舎に入れ、自然な土づくりの循環があった」

営農再開支援事業は21年度いっぱいで終わるが、地力を健康に回復させるには3年、5年をかけて、さらに深耕とすき込みを重ねる努力が要る。

「自腹を切っても続けていかねば」と、菅野さんは決意を新たにする。

なぜ土づくりが必要なのか――。

もう一つの理由は、「農地は1000ベクレル（土壌1キロ当たり）未満」という村の当初の除染目標にも関わらず、環境省の除染作業が終わった後の表土近くから、目標を超える濃度の取り残しが見つかっているからだ。

避難指示解除の翌18年12月、比曽での村の土壌採取で、遊休農地の一部から検出された、と行政区に伝えられたという。

「地力回復工事で十分な吸収抑制材が施され、影響はないだろうが、農業再開を急ぐ前に、できる限りの深耕による土壌改良を広める必要がある」と訴える。

地域の「共助」の喪失

19年10月12日、福島、宮城両県の太平洋岸を中心に記録的な豪雨が大水害をもたらした。比曽地区でも、地域の真ん中を流れる比曽川が増水し、地元で水田の基盤整備が完成した１９８５年以降で初めて土手を越えて周囲に溢れた。

民家への浸水はなかったが、あらためて住民による管理の不在を、菅野さんは考えさせられたという。

比曽川は集落の水田への水源であり、「原発事故前は、85戸から１人ずつ共同作業に出て、朝５時から河川土手や水路の草刈りや清掃をし、雑木１本も生えていなかった。だがいまは、帰還した一握りの住民だけの手には負えない」。

村役場と行政区の懇談会では、「比曽川は県管理の二級河川なので、草刈りなども県にお願いするほかない」という話になった。

県の営農再開支援事業では、農地の維持管理のための草刈りに10アール当たり６０００円（年３回まで）を交付している。そのため、帰還していない住民も自らの田畑に通って草刈りをしているが、住民総出の共同作業は、お盆前の墓地の草刈り以外に絶えてない。

「村と行政区の懇談会ですら、住民の参加者はわずか3人だった。前年3月の行政区の総会でも、役員選出の議題になると、帰還していない住民から『移住先でも自治会の役員をやってくれと言われている。この上、地元でもやれと言うのか』との声が上がった。しかし、われわれからすれば、地元に戻った人間の負担だけで地元を担うのは困難だ」（菅野さん）

比曽地区では、地元に4社ある神社のお祭りも原発事故以来、途絶えたまま。せめて1社だけでも、地元のために復活させられないか、と菅野さんら総代を務める住民で話し合っているという。それもまた、地域を支えた人のつながりが切れかけた村の現実だ。

飯舘村はかつて、丁寧な手作りを意味する「までい」の村興しで名を馳せた。住民の共助が盛んな地域の力が、村の自立を支えた。

だが、伝統の「共助」が失われたまま国の予算のハード事業が先行する村のこれからを、菅野さんは見通せないでいる。

一方、飯舘村北部にある佐須地区。

1951年に佐須小学校として建てられ、77年の閉校後も住民の活動の場になってきた木造の旧校舎と体育館が昨年暮れから解体され、いまは旧校舎の骨組みだけが最後の名残りを留める。

住民たちは懐かしい教室に囲炉裏を設けて地域づくりを語り合い、農業祭や創作太鼓などの演芸、折々の集いを催し、避難指示解除後は、帰還した年配者たちの健康づくりの交流会を、村民の復興を支援するＮＰＯ法人「ふくしま再生の会」（田尾陽一理事長）が毎月開いてきた。

２０１９年３月には、環境と景観を生かして、農村宿泊の誘致事業に集落で取り組む「佐須行政区地域活性化協議会」が発足し、旧校舎と体育館がその活動の拠点になるはずだった。

ところが、老朽化を理由に解体の意向が村から持ち上がったといい、19年10月の住民総会で、賛成の声が大勢となって解体が決まった。閉校後の維持管理費は地元の全戸が負担してきたが、無駄な出費とされた。最後まで維持を望んだのは、帰還して日ごろ楽しみに利用してきた年配者たちだった。

「多数決で地域のことを決める村ではなかった。互いに耳を傾け、夜を徹してでも知恵を出し合ったものだが……」

福島第一原発事故から、間もなく9年。「までいの村」の行方に戸惑う村民の声を、筆者は聴いた。

2 丸9年の「3・11」
――変貌する古里「飯舘村長泥」のいま

2020年3月

晴れた日には青く太平洋が見える、阿武隈山地の標高約550メートルの峠道（国道399号）。2月18日、車で向かった福島県飯舘村長泥への道は雪に覆われていた。

東京電力福島第一原子力発電所（双葉町・大熊町）と地理的に近く、2011年3月の同原発事故によって村内で唯一、放射線量が年間20ミリシーベルトを超える、と指定された帰還困難区域。東日本大震災と原発事故から丸9年を迎えた現在も、地区への出入りを制限する緑色のバリケードが立つ。行政区長の鴫原良友さん（69）に同行させてもらい、その現状を取材した。

山里を埋める除染土袋

鴫原さんとの長泥行は、16年10月、18年5月に続いて3度目だった。バリケードの内側にすぐあるのが、「あぶくまロマンチック街道」の標石が立つ展望台。2年前には同じ場所で、つづら折りの道に連なる満開の桜並木を鴫原さんと見た。

64年前の２村合併で飯舘村が誕生した際、長泥出身の初代村長が記念にソメイヨシノの苗木を住民に配り、植えられた。時の皇太子、美智子妃のご成婚祝賀も重なったという。村の桜の名所になり、住民たちが毎春花見を楽しんだ。原発事故の後は誰にも愛でられることなく咲き続けたが、この日見たのは、枝々がばっさりと伐られた無残な姿だった。

「もう病気でだめになった。枝垂れ桜、山桜も植えて約１００本、俺たちが大事に手入れをしてきたんだ。それから長い避難生活になり、寿命もあって、どの木にもカビが生えて薬もなくて、仕方なく全部伐った。（東電に）賠償を、とも思ったが、道路脇は国の土地だからな」

山林を縫う道を峠から１００メートルほど下ると、長泥の里に至る。現れたのは、段々になった水田跡を延々と埋めた除染土袋（フレコンバッグ）の山だ。１トン詰めの黒い袋だが、雪の白が存在の不気味さを隠していた。

その一部は民主党政権時代の12年２月、農林水産省が鴫原さんの水田など11ヘクタールで行った農地除染対策実証事業の表土剝ぎ取り実験で出た除染土の保管場所だ。

「何年掛かっても復興に取り組む」と東北出身の鹿野道彦農水相（当時）は意気込み、２万ベクレルあった土１キロ当たりの放射性物質濃度を91％減らし、空間線量も８・72マイクロシーベルト／毎時から２・29に下げる効果を上げた。

鴫原さんは帰還に希望を抱いたが、同年７月に帰還困難地域に指定され、地区の３カ所をバリケードで閉ざされた。

農地再生への資材化で長泥に運ばれた除染土袋の山＝2020年2月18日、飯舘村長泥

さらに同年12月の政権交代の結果、期待した事業そのものが立ち消えに。長泥は政治に翻弄された。

翌13年には、剝ぎ取り除染の実験がなされた水田5アールで村が行った水稲栽培試験に区長として参加し、自ら田植え機で苗を植えた。

「住民が帰還した後の営農の希望につなげたい」との強い思いだったが、地区の内外から「帰還を急がせるパフォーマンス」などと心外な批判をされ、栽培試験は1年で中止された。国と村、住民との板挟みにも苦悩し続けることになる。

筆者の2年前の取材時、空間線量が0・6ほどに低減した鴫原さんの水田は、きれいに草刈りがなされていた。たとえ作付けはできなくても、自分の田に雑草を生やしたくないという農家の心情からだった。

ところが、いまは膨大な数の除染土袋の仮置き場と化している。

「3万3000袋だか、ここにある。飯舘村の中の除染で生じて、長泥に運ばれてきた土だ」

復興をめぐる葛藤と変転

この新たな除染土袋の山の出現については、鳴原さんにとって長く苦い経緯があったことを知る必要がある。

帰還困難区域は、原発事故被災地では長泥地区のみならず、7市町村で計337平方キロに及んだ。国は、高線量のため未除染のまま残った帰還困難区域の復興策として、交通、産業、居住の要地となりうる地域を「復興拠点」（特定復興再生拠点区域）として指定し、集中除染してインフラ整備の上、住民の帰還を促している。

福島第一原発のお膝元で、町域の大半が帰還困難区域だった双葉町で20年3月4日、大熊町でも翌5日、JR常磐線の全線再開に合わせて駅周辺など一部が避難指示を解除された、というニュースはその実施例だ。

山懐に74世帯が点在していた長泥は、しかし、国から「復興拠点に該当しない」との考えを示された。

「地区全体の除染をしてほしい」と、帰還に望みをつなげられる救済を訴えた住民に対し、国側は16年11月の説明会で、「避難先での『なりわい』再開などへの生活支援を考える」といった回答に終始。半ば見捨てるような姿勢に鳴原さんらは憤りながら、やむを得ず翌17年8月、「せめて住民が集えるミニ復興拠点を設けて」と村に要望した。

長泥住民の思いを、８月８日の河北新報はこう伝えた。

「要望書提出の方針は６日、行政区が地元の集会所で開いた総会で、参加した約50人に説明した。それによると、ミニ拠点は現在の集会所、体育館、グラウンドがある場所に設定。宿泊施設のほか、地区の歴史を伝える資料館の整備を求める」

「行政区長の鴫原良友さん（66）は『これまで村や国に何度も（全域の）除染を求めたが駄目だった。誰も納得できないが、妥協しないと前に進めない』と苦渋の表情で理解を求めた」

翌月４日の同紙は、長泥行政区と飯舘村、国の協議が始まったことを報じた。

「行政区の８人をはじめ、同席した復興庁、県の関係者ら計約20人が出席。冒頭、行政区長の鴫原良友さん（66）は『（ミニ拠点設置に向け）村や国と話を進めていきたい』などと話した。復興庁関係者は『国は市町村の計画を見た上で、（認めるかどうか）判断する』と語った」

「非公開の協議後、菅野典雄村長は『（拠点設置場所の妥当性などについて）現地を視察しながら行政区と話し合い、年度内には計画を作りたい』と述べた。

鴫原さんは『（原発事故から）６年半も待っている。村や国も具体的な提案を出してほしい』と話し、素早い対応を期待した」

ところが、同年10月になって「環境再生事業」という提案が環境省から飯舘村に伝えられ、長泥地区の先行きをめぐって閉塞した状況がにわかに変わる。

降ってわいた提案

剝ぎ取り方式の除染で生じた汚染土は、福島第一原発近くで稼働中の中間貯蔵施設（福島県内で生じた約1400万立方メートルを30年間保管。帰還困難区域分を除く）に運ばれるが、環境省は早くから保管容量の限界を判断したようだ。

同省の「中間貯蔵除去土等の減容・再生利用技術開発戦略検討会」の第3回会合（2016年3月）で、全量処分は「実現性が乏しい」と指摘された。「適切な前処理や減容技術の活用により除去土壌等を処理することで放射能濃度の低い土壌等を分離し、管理主体や責任主体が明確となっている一定の公共事業等に限定し再生利用する」と資源化が提唱されると、それを「環境再生事業」に具体化させる。

環境省は、除染土のうち安全に焼却したり埋設したりできる基準とする8000ベクレル（土壌1キロ当たり）未満の土を選別し、盛り土などの資材に再利用する実証実験を、2016年12月から南相馬市小高区の仮置き場で行った。

高さ2・5メートル、長さ54・5メートルの台形の道路状の試験場を造成し、内部は除染土を5層に盛り、その上に厚さ50センチの遮蔽土で覆う──という方法で、安全性が確認されたという。その方法での本格的な事業実施を長泥地区でどうか、と同省が村に提案したのだった。時機を測ったものとも思えた。

村から長泥行政区に環境省の提案が紹介されたのが、17年10月末。行政区の役員会、住民説明会を経て、菅野典雄村長、伊藤忠彦環境副大臣（当時）と鴫原さんがそろって村役場で、「長泥での環境再生事業実施で合意」を記者発表したのは11月22日。驚くような展開の早さだった。

環境省の手法で除染土を資源化して農地再生の事業を行い、復興拠点の対象区域を除染の上で集会所や公営住宅を設ける。地区の74世帯（252人）のうち57世帯の宅地が対象に含まれる計画と発表され、5カ月後には国が認定するに至った。

2023年春までに長泥の避難指示解除を目指して住民の帰還を促し、目標人口を180人程度としている。長泥だけではなく、全国の公共事業に広めるための実証事業という意味合いもあった。「復興拠点」の対象に指定されたのは186ヘクタールで、そのうち農地再生の事業が行われるのは34ヘクタール。広大な面積だ。鴫原さんが「3万3000袋だか、ここにある。飯舘村の中の除染で生じて、長泥に運ばれてきた土だ」と語ったのは、まさに農地造成の盛り土用の資材として、村内各地の仮置き場から大型ダンプで集められた除染土袋の山だった。

「国内、世界でも初めての手法なのだそうだ。地元は歓迎しているという印象だが、『（環境再生事業を）受け入れなければ、話をこのまま国に返すほかないんだ』と役場からは言われた。やるか、やらないか、しかない雰囲気だった。

古里に外から汚染土を持ってこられて、誰も喜ぶはずはない。だが、事業をやることで（年間被ばく）線量が帰還困難区域の指定基準（20ミリシーベルト）より下がれば、解除されて帰還宣言を出せるだろうとも言われた。俺たちからすれば苦渋の選択だった」

当時を振り返る、鴫原さんの苦悩に満ちた言葉だ。

区長とは地域の１人の住民に過ぎない。国という巨大な交渉相手の政治力、法律や制度をわがものと操る手練手管に翻弄されながら、原発事故への理不尽と憤りを訴え、当事者としての声を振り絞り、時に苦い妥協も呑み込み、古里の望みを手探りした。

失われてゆく風景

鴫原さんの自宅を初めて訪ねたのは、16年10月の取材の折だった。

うっそうとした屋敷林を背に堂々と立つ平屋の農家だった。

70年近く前、父親が分家して建てたという。母屋にはもう家具類はなく、ふすま４枚分の幅がある神棚に「家内安全、身体堅固、交通安全」のお札が家族の数だけ並んでいた。

いま、あの神棚はおろか、大きな家そのものがなくなった。19年７月末に環境省による解体工事があり、草刈りなどに使うトラクターの車庫など２棟だけを残して、復興拠点の対象区域にある50戸余りとともに壊された。この後、家の敷地も周囲20メートルにわたって除染される予定だった。

広い空き地に立って鴫原さんは語った。

「以前は１週間から10日ごとに長泥に来て、家に寄った。避難してから２、３年は写真もよく撮ったが、もう（すべてが）変わりすぎて撮る気がなくなった。ただ、カメラマンに頼んで最後の姿の写真は記念に残した。家の解体の日には立ち会わなかった。壊すところなんて見ていられないよ、気持

昔からの商店や給油所が解体で消えた長泥十字路＝2020年2月18日

ちがきついもの。以前は、春になると草花を植えたりしていたが、それもやめた。もう何もないいんだもの」

鳴原さんの自宅跡から、車は国道399号と県道の交差する通称「長泥十字路」に出た。原発事故前は昔ながらの商店やガソリンスタンドなどが並び、「長泥銀座」とも呼ばれたそうだ。

その名残もまた解体工事で跡かたなく消え、復興拠点計画に伴い除染が行われたことを示す真新しい砂利が敷かれている。津波にのまれた古い街の跡に高さ10メートル余りの人工地盤をかさ上げし、人が暮らした痕跡すら消えてしまった三陸の被災地の風景にも通じる虚無感を覚えた。ここで生まれ育った人々にとって「古里」とは何か、という筆者が抱え続けた問いがまた去来した。

4年前の取材では、長泥十字路の近くにあった集会所に立ち寄り、明治以来18代にわたる区長たち、ヤーコンを地元特産にしようと栽培に取り組む住民たちの写真を見た。村と共同で商品化した「ヤーコン焼酎」のポスターがあった。そんな記憶のタイムカプセルのようだった集会所も解体されていた。

そばの里山の斜面には、地区に3カ所あるという共同墓地の1つがある。雪の坂道を登ると鳴原家の墓があり、山峡の長泥の小盆地を一望できた。

県道沿いに細長く延びる水田のほとんどが農地再生の事業の対象となり、4月からの2020年度、埋め立ての準備工程となる大規模な除染作業が一斉に始まる予定という。

長泥の風景はさらに変わる。

「ここの墓地には三十数軒のお墓があったけれど、ずいぶんなくなった。みんな避難先の福島（市）に家を建ててるから、10軒くらいは墓も持っていったんじゃないか。もう9年、それで終わりでなく、環境省の事業はこれからだもの。ふつうは（長泥に）戻れるわけがないんじゃないか。俺の家でも、子どもや孫は戻らないと言っているからな」

農地再生の造成で除染土に埋まる予定の水田群＝2020年2月18日

「帰る」という人はいない

長泥十字路を反対方向の南に少し走ると、比曽川沿いに白く巨大な細長いドームが見えてきた。環境再生事業の心臓部に当たる、長さ100メートルという除染土の再生資源化プラント施設だ。長泥に運ばれた除染土袋の土から異物をふるいに掛けて除去し、濃度分別機という特殊な機材で農業に利用可能な基準の5000ベクレル未満の土だけをより分ける工程を行う場所だという（環境省の「除去土壌再生利用技術等実証事業概要」を参照）。

本格稼働は、農地再生の埋め立て工事が始まる2021年度からとされるが、施設の周囲では資源化した土を使って露地でのバイオマス資源作物、ハウスでの花、緑肥作物の試験栽培が始まっている。ハウスには鴫原さんら長泥の住民有志が通い、トルコギキョウ、カンパニュラ、ストックなどの栽培を手伝っている。2月9日、これらの花を大臣室に飾っているという小泉進次郎環境相が視察をしていった際、鴫原さんも区長として立ち会った。

「福島の復興が新たなステージに入ることを象徴する花」と小泉環境相は現地で語ったそうだ。鴫原さんは「ここに来るのが楽しみなんだ」と1人でハウスに立ち寄ると、自ら栽培に携わった紫のストックの切り花を数本手にして出てきた。

環境再生事業が完了すれば、埋め立て対象地となっている地権者の住民には、資源化された除染土に覆土した新たな農地が換地され、引き渡される。避難指示解除のその時、どんな農業の姿と地域の未来を、環境省や村は思い描いているのだろう。

鴫原さんは地権者ではないが、「俺は、一番現実的なハウス（の花栽培）をやればいいと思う」と言う。

「ここでコメや野菜を作ろうという人は村民にはいないと思う。あるいは、村外の会社が進出して何か大規模にやってくれればいいが」

長泥十字路の一角には掲示板があり、原発事故の発生直後から住民が自主測定した日々の放射線量

（空間線量・マイクロシーベルト／毎時）が記された記録用紙が残っている。

「（２０１１年）３月16日７・５　３月17日95・１　３月18日52　３月19日59・２　３月20日60　３月21日45　３月22日40　３月23日35」

当時、政府は福島第一原発から同心円で20キロ圏に避難指示を出し、圏外の飯舘村は避難指示対象外だった。村には福島県放射線健康リスク管理アドバイザーの医学者たちが講演に訪れては、「直ちに健康に影響はない」と、政府と同様の見解を繰り返した。「外ではマスクを着用し、外出後は手を洗うなど基本的な事項さえ守れば、医学的に見て村内で生活することに支障がない」との講演内容が、３月30日の村の広報お知らせ版（ネット版）に記録されている。

高濃度の放射性物質が北西の飯舘村方向に拡散したことが分かり、政府が村に全住民の「計画的避難」指示の方針を発表したのが４月11日（葛尾村、浪江町、川俣町、南相馬市の一部も）。長泥の住民たちは国から捨ておかれながら、地元の自主測定結果を見て家族の若い世代を自主避難させた。

鴫原さん自身が避難したのは、買っていた６頭の牛を６月23日、県畜産市場（本宮市）での競売に出した後だった。村が定点測定する最近の数値は２・20前後に低減しているが、長泥の人々が当時の生死を賭した体験を忘れることはない。

「俺たちは毎年10月、離れ離れになった住民の交流会をやっていて、いまも90人くらい集まり、今年もやろうという話になっている」

だが、誰も口にはしないが、「帰る」という人はいないという。

原発事故から９年がたち、鴫原さんは70歳が目の前、仲間も同様だ。

原野の状態に戻った長泥の農地＝2020年2月18日

「うちのお母さん（妻）も息子も孫も、帰らないと言っている」

２年前から福島市にある村の公営住宅で同居しているが、いずれは、同市内に中古で買い求めた家に引っ越すつもりだ。今月末でちょうど5期10年を勤め上げる行政区長も辞めようと考えている。

「俺は長泥が好きだが、子ども、孫の世代に譲りたい、何とかつなぎたいけれど、現実にはそれは難しくなった。長泥からは遠い場所で暮らしているのだし。もう俺らの時代で一区切りするしかなく、何が正しかったか、１００年後に答えが出ればいいと思う。それぞれが自分の道を選んで歩くしかない。国や東京電力を相手の交渉でストレスをため、長泥への帰還を模索し苦闘したが、俺はやるだけやったな、生かされたな、という気持ちだ」

引き裂かれる古里の痛み

長泥十字路から眺めた環境再生事業、復興拠点計画の対象区域から外れると、荒れるに任された姿の家々が並んでいた。

原野に戻った農地の跡やハウスの残骸も目に入った。その道沿いには解体された側の廃材や除染土袋の置き場が何カ所もあった。帰還困難区域から出る廃棄物や高濃度の除染土は、中間貯蔵施設の受け入れ対象ではなく、地元に留めおくほかないのだ。

環境再生事業にはまた、「形を変えた最終処分ではないか」という批判もある。

やはり除染土を資源化して南相馬市小高区の常磐自動車道の工事の盛り土に再利用しよう、という環境省の実証事業には市民の強い反対運動が起き、二本松市の市道工事を対象にした実証事業の計画も頓挫した。

長泥で反対の声が挙がらないのは、もはや住民が離れてしまった結果ではないのか。

誰のための――という問いが、ここでは宙に浮いたままだ。

除染土を宿命として懐に抱える「古里」の引き裂かれる痛みを、１人の区長が背負い続けてきた。

3「新型コロナ禍」で閉ざされた「交流」
——福島被災地の「模索」と「きざし」

2020年4月

2020年3月、東京電力福島第一原子力発電所に近い福島県双葉町、富岡町などの帰還困難区域の避難指示が一部解除された。

JR常磐線が全面再開し、9年ぶりに被災地を特急が通り、東京五輪の聖火リレーも予定されて、地元は交流の広がりを復興の弾みにしようと盛り上がった。

だが、首都圏の「新型コロナウイルス」蔓延で、期待を託した春のイベントは中止に——。再びの苦境にある浜通り地方の被災地から懸命に発信を続ける女性を取材した。

JR常磐線が全線再開

ホームからフェンス越しに見える駅の西側には、広大な空き地があるだけで、工事車両が慌ただしく動いていた。新幹線が通りそうな真新しい2階建ての駅舎も無人で、正面を出た駅前広場には、警ら中のパトカーが1台ぽつりと停まっている。

双葉町を訪ねたのは4月下旬。午前10時24分発の下り普通電車がちょうど双葉駅を滑り出したところだったが、「2020・3・14常磐線全線運転再開」の大きな看板が掲げられたホームに乗降客の姿はなかった。

原発事故以来、最後に残った常磐線の不通区間（富岡～浪江間）が9年ぶりに運転再開となった3月14日の朝。同じホームが一番列車の歓迎セレモニーでにぎわった。

全線再開したJR常磐線の双葉駅＝2020年4月21日

「おかえり常磐線」の横断幕が広げられ、地元の標葉《しねは》せんだん太鼓保存会が祝いの曲を響かせ、避難先から集った町民が喜び合った。内堀雅雄福島県知事も駆けつけ、祝辞とともに「東京五輪の聖火リレーで常磐線の利用が計画され、全国にアピールする絶好の機会」と述べたという。

「双葉　3月1日避難解除へ／大熊5日　富岡10日／3町、国と年内合意／常磐線　全線再開前に」という見出しの記事が河北新報に載ったのは、19年12月19日のことだ。

2町とも常磐線の運行再開と合わせて、一般の立ち入りが制限された帰還困難区域の一部が解除されるという内容（双葉町は実際には3月4日に解除）である。

双葉町は福島第一原発のお膝元で、これまで解除された地域のない唯一の自治体だった。町の中心部を政府が「特定復興再生拠点区域」（復興拠点）に指定し、中心にある双葉駅の東西（19ヘクタール）を先行解除し、急ピッチの除染を進めた。

同27日の続報は、伊澤史朗同町長が「避難市町村で唯一ルートに入っていない東京五輪の聖火リレーに関し『追加してもらえるよう県や大会組織委員会に要望する』と述べた」と伝えた。県も後押しし、放射線の影響が残る国道6号線を避けて常磐線にランナーを乗せ、南隣の大熊町から1駅の双葉駅まで聖火を運んだ後、駅前広場で約５００メートルのリレーをする――という異例のルート追加を、全線再開のほぼ10日前に発表した。

駅の隣に町職員が常駐する出張所が開業し、通行証なしで中心部に入れるよう制限も外れたが、「復興拠点」に人が住めるのはまだ2年先の予定だ。

駆け込みとも見えるルート追加は、全国を聖火が巡る大イベントに参加したい双葉町の心情への配慮だったのか、それとも安倍晋三首相が持論とする「復興五輪」の体裁を繕いたかったのか。

ただ、3月26日に予定された聖火リレーは、新型コロナ禍による東京五輪延期で幻になった。残るのは、無人の街の景色だ。

「運転再開の朝、双葉駅のホームにはあふれるほどの町民がいた。太鼓保存会の人たちは『26日にここで再会しよう』と語り、聖火を迎える演奏を楽しみに避難先に帰った。あるメンバーは駅の近くに家があったそうで、奥さんが『いつも電車の音を聞いて暮らしていた。双葉町でまた演奏できるのがうれしい』と涙を浮かべていた。みんな、延期は残念だったと思う」

富岡町で震災・原発事故の後に設立されたまちづくり会社「とみおかプラス」のスタッフで、この日、双葉町に取材に来ていた山根麻衣子さん（43）が語った。

解体を待つ町並み

山根さんは横浜市の出身だ。筆者は河北新報記者時代の12年3月、横浜で開催された東日本大震災から丸1年の支援フォーラムで知り合った。

神奈川県は支援活動の先進地で、県と県社会福祉協議会、災害ボランティアNPOが共同でボランティアバスを運行しており、山根さんは仕事を辞めて岩手県大槌町など被災地の模様を発信する活動をした。

双葉町との縁は14年9月、当時在籍していた東京の社会事業団体から「復興支援員」として町に派遣されたことがきっかけだった。いわき市内に町の仮役場があり、そこから町民の避難先を訪ねて町の公式「フェイスブック」や広報誌に記事を書き、人を情報でつなぐ仕事の日々だったという。

「避難指示が一部解除になって、初めて双葉町の中心部に入れるようになった。でも、もう建物の解体作業が進んでいる。いまが、かつての町の姿を見る最後の機会です」

山根さんは新型コロナ禍が広がる前まで、首都圏から訪れた被災地視察の客や大学生らをここに案内したという。双葉町にはいくつも名物店があった。

「ここは知る人ぞ知るラーメン屋さん。醤油ラーメンがおススメ。スープはさっぱりしているのに、コクがある。何杯でも食べられるラーメン。チャーシューにスープが馴染んだ時、とてつもないハーモニーが生まれる。今は創始者のおばあちゃんから2代目の奥さん。昔から変わらない味。幅広く愛されるお店」

原発事故前、地域情報サイトでこう紹介された双葉駅前の「大幸食堂」。すでに解体が終わって跡形もなく更地になった。

駅前の道を進むと、和洋食と喫茶の「キッチンたかさき」の建物がある。欧風の街灯が載ったおしゃれな看板が残るが、2代目店主は新天地で再出発をした。

「家族と避難生活を送っている時に『強く生きていかなければ』と思いました。幼い頃から、将来は親が営む『キッチンたかさき』を継ぐという目標をベースに生活してきたのですが、震災から約3年半を経て2014年10月7日、三軒茶屋に2号店を構えることにいたしました」（株式会社キッチンたかさき〔JOE-SMAN2号〕の採用・求人ページより）

やがて交差点で旧国道とぶつかり、北が長塚商店街、南が新山商店街。

毎年、新春に江戸時代から続く祭り「ダルマ市」が催された。露店が約80も並んだ通りで縁起物のだるまが売られ、神楽舞い、だるま神輿や女宝財踊り、特設舞台の演奏や踊り、呼び物の巨大だるま引き合い合戦で沸いたという。

町民200人が南と北に分かれて高さ約4メートルのだるまを引き、南が勝てば商売繁盛、北が勝てば豊年満作といわれた。原発事故後はいわき市の仮設住宅に会場が移され、離散した町民の「同窓会」の場になったという。

新山商店街に足を向けると、震災、原発事故から丸9年を経た荒廃と喪失の風景があった。

いま被災地に住む者

通りの入り口は解体後の広い空地になり、道路脇に雑草が伸びる。

あるじなき商店や家の姿は無残だ。ガラス戸が割れて中が荒れ放題になり、シャッターはこじ開けられたように壊れ、家の部材が朽ちて風雨と枯れ葉が吹き込み、中をのぞくと泥棒か動物に入られたようにめちゃめちゃだ。放置された車には、植物の蔓が這う。

農協支所の外壁にある時計は、大地震の起きた時刻――午後2時46分を指している。

時が止まったように、ある家の棟は前のめりに傾き、別の家では玄関の太い柱が礎石から外れて宙に浮いている。ある店は屋根に1階が押しつぶされ、まっすぐに倒壊した瓦屋根の門もある。商店街にある寺の山門や庫裏も崩れ落ちている。

表のガラス戸が壊れたおしゃれ用品の店では、往時のままに赤、ピンクなどの婦人服が天井から下がり、バッグが並んでいる。町の女性たちの幻のにぎわいが続いているようだ。閉鎖されて真っ暗なミニスーパーもある。通りの外れにあった旧双葉高校の生徒たちが下校途中におやつを買い、商店街を闊歩していったそうだ。

山根さんは、古い桜の木の前で立ち止まった。葉桜になりかけていたが、「石田医院の枝垂れ桜」の名で、町で一番咲きの桜として誰もが知っているという。

「復興支援員になったころ、避難先に訪ねた町民から『石田医院の桜がきれいだった……』と聞か

倒壊した門の傍らにある枝垂れ桜と山根さん＝2020年4月21日、新山商店街

されても分からなかった。原発事故の知識はあっても、町の人の思いを分かち合うことができず、『東京から来た人には分からないものね』と言われて傷ついた。自分なりに被災地支援の経験を生かして役立とうと思って来たのに、人々の置かれた状況に対して無力感が大きくなっていった」

山根さんは2年前の10月、ローカルマガジン「おきてがみ」に書いたエッセイで、当時の苦しさをこう振り返った。

「職場や地方生活に慣れることができなかった私は、少しずつ心を病んでいきました。診断結果は、『適応障害』と『冬季うつ』」

とりわけ3月11日が近づくと、被災地の人ではないのに「うつ」に悩まされたという。「3・11」報道が連日あふれる中で「あの時、自分はこの町にいなかった」と、「他者」であることの疎外感、罪悪感のようなものが押し寄せてきたからだった。

「でも私に、横浜に帰るという選択肢はありませんでした。だってまだ、福島に来て何も残せていない。このまま帰ったって、福島にいたことが何にもならない」

決意して16年3月に派遣元の団体を辞め、福島県の任期付き職員に合格して、いわき地方振興局で3年働いた。

その傍ら、神奈川県のボランティア時代に関わったウェブの地域ニュース「ヨコハマ経済新聞」の姉妹サイト「いわき経済新聞」の編集人兼取材者を請け負った。

「支援」ではなく、被災地で出会う人々を自らの記事で全国につなぐことを仕事にして、「双葉町の人々とも良い距離感でつながり直せた」と言う。いわき市にあった生活の拠点も、双葉郡のほぼ真ん中の富岡町に移し、復興途上の町のまちづくり会社で19年9月から働いている。もう「都会から来た人」ではなく、地元の生活者になった。

「原発事故があって、古里に帰れない人々がいること。廃墟に見えるものの意味や、そこにあった暮らし。私はいま双葉郡に住む者として語り部になることはできると思う」

コロナ禍と桜まつり中止

双葉町から国道6号を南下すると、海側から高圧線の鉄塔の列が迫る。除染土袋の広大な仮置き場の向こうの林から高い換気塔が顔を出し、福島第一原発があると分かる。廃炉作業の赤と白のクレーンが遠く並んでいる。

隣の大熊町にかけての丘陵部では、福島県内で排出された除染土を30年間保管する「中間貯蔵施設」（計1600ヘクタール）が稼働し、造成も続けられている。このため国道には工事車両が多くなる。

やがて大熊町内の集落に入ると、帰還困難区域を示す銀色の格子のバリケードがどこまでも続き、家々や店、脇道を閉ざす。

「この道を、もう何百回往復したか分からない」と山根さんは言う。

目指したのは大熊町の南隣、富岡町の「夜《よ》の森《もり》公園」。2・2キロの道に沿って400本のソメイヨシノの並木があり、東北有数の桜の名所だ。原発事故前、4月の「夜の森桜まつり」は15万人の花見客でにぎわった。

しかし富岡町の全域が避難区域になり、2017年4月1日に町中心部の避難指示が解除されたものの、原発からわずか7キロにある桜並木の大半は帰還困難区域の中だった。

20年3月、常磐線全線再開で双葉町と同じく、最寄りのJR夜ノ森駅の周辺が「復興拠点」に指定され、公園に通じる道路が先行的に除染されて一部解除された。桜並木のうち、3年前に解除された分と合わせて計800メートルが開放され、歩けるようになった。

「桜を見ることができる範囲が広がり、県内外から訪れる人も増えると思う。解除が広がればにぎわいを取り戻せるだろう」という町民の話が、夜の森公園の解除区間拡大を伝えた3月11日の『河北新報』に載った。桜まつりは17年春に再開されていたが、常磐線の全線再開によって花見への誘客も期待された。ところが、同じ11日の同紙で、中止が報じられた。

「福島県富岡町は10日、新型コロナウイルス感染症の拡大を受け、4月11、12の両日に予定していた『桜まつり2020』を中止すると発表した」

町は６０００人の来訪を見込んだという。富岡町のある福島県浜通りの感染者数は少なかったが、「郡山やいわきなど避難先からの送迎バス、町の帰還困難区域内を巡る観桜バスの運行もあり、不特定多数が密閉空間で長時間移動するのは難しいと判断した」と、同記事は伝えた。

その直前の３月７日、富岡町を視察した安倍首相は常磐線全面再開に触れて、「日本全国から人がやってくるような状況をつくり上げていきたい」と激励したと報じられた。

その一方で、常磐線が直結する首都圏で、政府はすでに大規模イベントの自粛要請へ舵を切っており、相矛盾する状況に、宮本皓一町長ら町の関係者は苦渋の決断をするほかなかった。

交流の町づくりに暗雲

国道6号から西へ、ＪＲ夜ノ森駅方面に向かう道は、帰還困難区域を示す銀色の格子のバリケードが家々の前に続く。やがてトンネルのように枝々が広がる桜並木に入るが、関所のようなバリケードが途中に現れて通行禁止になる。

新型コロナ禍で桜まつりは中止になったが、見ごろを迎えた4月上旬の週末に、マスク着用の町民らが訪れて静かな散策をした。

4月5日の朝日新聞には、避難先のいわき市から訪れたという女性の、「桜は一生懸命咲いているのにかわいそう。ここまで歩けるようになったのに、来てくれる人が減ってしまって。コロナが憎い」という声が載った。

夜の森公園の桜並木を遮断するバリケード＝2020年4月21日、富岡町

筆者が訪れた日は、やはり葉桜になりかけの並木だったが、満開の夜の森公園の美しさを、福島第一原発事故を題材にした映画『Ｆｕｋｕｓｈｉｍａ 50』（3月6日公開）のラストシーンで知ることができた。主演の佐藤浩市さんは1月に富岡町役場に完成報告に訪れ、帰還困難区域で撮った映像について、「桜の美しさとはかなさ、この事故を絶対に繰り返してはいけないという思いが交錯して届いてくれれば」と宮本町長に語ったそうだ。

山根さんは、「今年の桜まつりは、『Ｆｕｋｕｓｈｉｍａ 50』を観た全国の人に、原発事故を越えて咲く夜の森の桜を知ってもらい、富岡を訪ねてもらう、最高のタイミングだった。本当に残念に思う」と話す。

帰還困難区域以外の避難指示が3年前に解除された後、双葉郡の他町村と同様、富岡町の復興の歩みも遅い。

原発事故前に約1万６０００人が住んだ同町は、今年3月末の住民登録が1万２５３９人（避難先を含む）。町が策定した「帰町計画」では、２０１９年度末の居住人口目標は３０００～５０００人とされた。しかし現実には、町外から通う人も併せた帰町者は１２００人に満たない。

山根さんら「とみおかプラス」の大きな仕事は、富岡町の情報を全国に発信し、人の集いを生み、町の交流人口を増やすことだ。

山根さんが携わった仕事は、大学生に町を知ってもらう「インターンシップ」、「富岡魂」と銘打つ地場産米などの販売イベント、町のマスコットキャラクター商品の売り出しまで多彩だ。それらの現場の生き生きとしたニュースを「とみおかプラス」のホームページに書き、ファンづくりにつなげる発信にも取り組んだ。

富岡町を応援してくれる人を全国から募った「とみおかアンバサダー」事業もある。富岡らしいオリジナル日本酒を山根さんらスタッフと一緒にプロデュースしたが、予期せぬコロナ禍と桜まつり中止の荒波をかぶった。

伐採されたツツジの再生

「萌」の1文字で「きざし」と呼ぶ。17年に古里で稲作を再開した農業者、渡辺伸さんが収穫したコメを原料に、日本酒品評会で4度金賞を取った二本松市の「人気酒造」で醸造された純米吟醸酒だ。

渡辺さんは稲作農家の5代目で、除染で石が露出した水田に避難先のいわき市から通って土をよみがえらせ、有機栽培にも挑戦している人だ。

とみおかアンバサダーは、富岡町でのボランティア経験者や、復興に関わりたい若者ら15人。首都圏や関西などから集い、酒づくりに参加した。

町を歩き、町民たちをインタビューし、蔵元から酒の講義を受け、渡辺さんの新米を味わい、山根さんらスタッフと議論を重ねた。その結果、女性に選ばれるおしゃれなイメージ、シャンパンのようなスパークリングのお酒、地元販売のみのレアなお土産になる――というコンセプトに、町民の「思い」が加えられた。

「萌」のラベルに描かれたのは、桜と並んで町の花だったツツジである。

ツツジは原発事故前、JR夜ノ森駅構内で初夏に約6000株が咲き誇り、列車が徐行運転をして乗客の目を楽しませた。町民が50年かけて育てたが、除染の犠牲となって2017年にすべて伐採された。

「萌」という名前は、苦難の時を越えて春の日を待つ富岡の花と人を意味し、「醸造された第1弾の3500本を、アンバサダーたちが今年の桜まつりの会場で直売する予定だった」と山根さんは振り返る。

「萌」は町内の店舗だけで販売されたが、それでも完売の人気となった。しかし、アンバサダーたちと町民の貴重な交流の機会は流れた。以下は4月20日の東京新聞の記事だ。

「語り部団体などでつくる『3・11メモリアルネットワーク』は3月25日～4月7日、伝承活動に関わる団体や個人に感染拡大の影響を尋ね、岩手、宮城、福島3県の語り部や震災学習に取り組む岐阜、愛媛両県の学校関係者ら計30の団体・個人から回答を得た。少なくとも計9235人の予約のキャンセルが発生していたことが判明した」

富岡町では、NPO法人「富岡町3・11を語る会」が催す町内ツアーにも400人を超える予約キャンセルが出たが、つながりを絶やさぬようＤＶＤを作って送付すると伝えられた。

最後に向かったＪＲ夜ノ森駅。17年６月に同じ場所を取材で訪れた際には、土手に伐採直後の無残なツツジの切り株があった。しかし、この日、無人のホームに降りて息をのんだ。多くの株が樹勢をよみがえらせて葉を広げ、赤やピンク、白の花々を咲かせていた。

「萌」そのものだったのだ。

予期せぬ新型コロナ禍は被災地に再びの苦境をもたらしたが、山根さんは言う。「人を本当に感動させるものが、ここにはある。そんな出合いがあるから、私は浜通りの真ん中にいて、変化するこの町から発信し続けたい」

いまだコロナ禍の混迷の中にある都会の人々も、再生の力を被災地からもらう日が来よう。

4 「コロナ禍」に「貝毒」
――三陸「ホヤ漁師」、先の見えない「深い霧」に苦悩

2020年6月

6月上旬、およそ1年ぶりに訪ねた牡鹿《おしか》半島（宮城県石巻市）。美しい三陸復興国立公園の南端らしく、リアス式海岸の道の入り江はまぶしいほど明るく、新型コロナウイルス禍の鬱屈を晴らしてくれる。

だが11年3月11日、東日本大震災の津波で被災した浜々の集落は跡形もなく、復旧工事もいまだ終わらず、住民の多くは流出し、工事関係者以外の人の姿も見えない。

半島に残る漁師たちの復興の拠り所は、昔から変わらず豊かな魚介をはぐくむ宝の海だ。

ところが、津波の後、三陸の海に原因不明の「異変」が続いている。養殖のホタテなどに広がった深刻な「貝毒」で、それが今年、宮城特産のホヤ（マボヤ・尾索動物亜門ホヤ綱の海産動物）にも前例のない形で現れた。旬に入った5月半ばから水揚げ、出荷の自粛が続き、最高の味覚のホヤは海に浸かったまま。

復興がいまだ遠い中、大消費地だった韓国の禁輸で販路を絶たれ、希望を託す国内の新型コロナ禍

終息を待っていた漁業者たちに、新たな難題が降りかかっている。

予期せぬ貝毒の出現

太平洋に突き出た牡鹿半島東岸の鮫浦湾。入り江ごとに生態系が異なり、カキ、ホタテが専門に養殖される所が多いが、鮫浦湾には希少なホヤの天然種苗が自生する。漁師たちは12月下旬にカキ殻をつないだ長い束を何百本と海中に垂らし、そこに微小な幼生を付着させて、赤茶色の殻が丸々となった成体に育つのをひたすら待つ。

ホタテが稚貝から1年、カキが種苗から2年で出荷されるのに比べ、ホヤは水揚げまで3～4年もかかるが、無骨な殻の中の鮮やかなパイナップル色の身は、海の香りが濃厚で芳醇な旨味に満ちる。

震災後の14年から取材の縁を重ねる地元鮫浦の漁師阿部誠二さん（36）を訪ねた。

断崖の岩山に挟まれた入り江の鮫浦港は、津波の後の復旧工事が前年にようやく終わり、コンクリートの防波堤が真新しい。岸壁で10隻ほどの小型漁船がたゆたうが、人影はなく異様ほど静かだった。

集落が流された空地の一角に納屋と作業小屋があり、Tシャツ姿で日に焼けた阿部さんと、手作業で漁網を編む父忠雄さん（70）が話をしていた。この朝、牡鹿半島の先端に浮かぶ金華山近くの海まで2人で船を出し、ヒラメ漁をしたという。

「ヒラメは、津波で流されたホヤの減収を補うために捕り始めた。5月の連休明けから漁期で魚体

牡鹿半島にある鮫浦港＝2020年6月4日

が大きく、いい値でさばけるので、何とか息をつけている。旬になったホヤの水揚げが立ち往生になってしまったから……。ホヤの貝毒など、震災前は聞いたことがなかった」

鮫浦湾がある牡鹿半島東岸から女川町、石巻市北上町にかけての宮城県中部海域で水揚げされたホヤから、「麻痺性貝毒」が検出されたのは5月18日。出荷の要件となる県漁協の検査で、記録が残る1992年以降で初めての規制値超えという。

検査は毎週1回火曜日に行われ、規制値超えが1度出ると海域全体で出荷自粛とされる。消費者のため安全性を厳しく確保する観点から、以後の検査で規制値未満を3週連続でクリアしなければ解除されない。中部海域のホヤは6月9日の検査まで連続で基準値を超え、同16日はクリアしたものの、先の見通しはまだ開けない。

阿部さんは鮫浦湾の一角でカキ殻付きの養殖ロープを約500本垂らし、1～5年目のホヤを計画的に育ててきた。

「4月半ばから今年の水揚げを始めた。育ち過ぎたくらいの〝五年子〟（5年もの）を早く出荷しようと作業を急ぎ、あと3日で終わるところまできて、ここの海域で貝毒検出のニュースが流れた。つながりのある買い付け業者に無理やり頼んで、やっと出荷できたんだ。水揚げシーズンは9月まであるが、旬は5月から7月。なのに、ただ海に漬けておかねばならないとは。〝六年子〟になったら、皮だけが厚くなって、もう売り物にならない。何とか3週続けてクリアの朗報を聞きたいが」

ホタテには頻発、長期化

地元紙の河北新報も5月29日、こう伝えた。

「県内の鮮魚店では旬のホヤが店頭に並ばない異例の6月を迎える。（宮城県）南三陸町戸倉で店を営む西城寛さん（70）は『ホヤは夏場の看板商品。時季のものがないと寂しい』と話す。出荷再開には、毒性を示す数値が3週連続で規制値を下回る必要がある。県漁協ホヤ部会長の阿部次夫さん（68）は『生産者は震災の時より厳しく、苦しい状況にいる。廃業が増えないといいが』と危惧する」

牡鹿半島をほぼ南限とする宮城県内のホヤの生産量は、三陸から北海道に至る国内産地の9割を占めるといわれる。地域の鮮魚店だけの話でなく、今年は新型コロナ禍のため料理店や居酒屋の需要も落ち込み、ホヤの市場価格は（殻付きで）キロ当たり60円ほど、例年の6割止まりの状況だった。同県内では5月6日に飲食店、大型店などへの時短営業、休業要請が解除され、「コロナ明け」は漁業者にとって、待ちに待った朗報のはずだった。

麻痺性貝毒とは、有毒渦鞭毛藻、つまり毒素を持った植物性プランクトンを餌にし蓄積した二枚貝などが毒化し、フグ毒に似るといわれる。震災後、岩手県南のホタテ産地で頻発し、ホタテ祭りが中止されるほど水揚げが激減。18年12月18日の河北新報に「貝毒深刻　三陸ホタテ危機／水揚げ、『史上最悪』の昨年比6割に／水産加工業にも打撃」という記事も載った。

貝毒は有毒プランクトン発生が減れば自然に抜けるが、この記事のような頻発・長期化が震災後の現象になった。

筆者が以前取材した片山知史東北大大学院教授（水産資源生態学）は、「麻痺性の貝毒は震災前には少なく、津波で海底の砂や土が巻き上げられ、休眠していたプランクトンの種（胞子）が蔓延したのではないか」との仮説を語った。

阿部さんの仲間で、鮫浦湾でホヤ養殖に取り組む若手漁師たちの「宮城県漁協・谷川《やがわ》支所青年部」（16年結成、17人）の初代会長、渥美政雄さん（42）は、ホタテの養殖も営んできた。

「ホタテはその後、貝毒のない貝柱の部分だけなら（内臓と切り分けて）出荷してよい、と県漁協が条件付きで出荷自粛を解除した。やはり新型コロナ禍の影響で相場は6割ほどだが、いくらかでも生産費の回収はできる。だが、（身全体に貝毒がたまる）ホヤはそうはできない。ホヤの生態も、われわれ青年部が鮫浦湾の資源管理のために潜水士資格を取って調べ始めたばかり。なぜホヤに貝毒が出たのか分からず、対策の立てようもなく、とりわけホヤ養殖一本で暮らす仲間たちは本当に困っている」

ホヤに復興の希望を託した漁師たちは、震災後の初水揚げの日から、新たな苦難を背負わされていた。

禁輸ショックから再起

「赤茶色の丸々とした塊が海から次々に揚げられた。船上でロープを引っ張る阿部誠二さん（30）の顔がパッとほころぶ。

『いいなあ。予想したよりも大きい』。殻を割り、黄色に輝くホヤの身を父忠雄さん（64）と分かち合った。大津波から３年３カ月余り。微妙なえぐみが甘さに変わる、深い味わいは健在だ。

６月下旬、石巻市の牡鹿半島東岸にある鮫浦湾は、被災後の２０１１年暮れに湾内で種苗を付けた養殖ホヤが、初の収穫期を迎えた」

筆者は、河北新報記者時代の14年７月６日の記事でこう伝えた。阿部さんの震災後初水揚げのシーズンを取材し、早朝の船に同乗して見た喜びの光景だった。

しかし、復活したホヤはこの時すでに、大口の売り先を失っていた。

その前年の７月、南に１００キロ余りの東京電力福島第一原子力発電所で汚染水の海洋流出が発覚し、間もなく韓国政府が「安全性」を問題にして、東北の被災３県を含む東日本産の水産物輸入禁止を決定。韓国は毎年、宮城県産ホヤの７〜８割を買い付けた大消費地だった。

販路喪失、相場暴落とともに、水揚げ期が来たまま行き場のない海中のホヤが16年には約１万４０００トンに達し、その半分以上が県漁協の苦渋の判断で廃棄処分された。

韓国の禁輸解除は19年４月、日本政府が「科学的根拠のない差別的措置」として同国を訴えたＷＴ

O（世界貿易機関）の裁定で敗訴の結果となり、一縷の望みを絶たれた。

深刻な人口減少など傷痕のいまだ大きな津波、原発事故の海を越えた風評、ホヤの販路喪失……。それでも宮城、岩手など漁協や漁業者、水産加工業者らは、国内の消費者を最後の頼みの綱として、市場開拓の模索を重ねた。

地域の将来への危機感から、渥美さんら谷川支所青年部は「ホヤを知ろう、食べよう」と、東京の居酒屋や石巻のスペイン料理店で産地直送の交流イベント「ホヤナイト」を催したり、地元の小学生にホヤの試食と養殖の体験学習をしてもらったり、「酒呑みの珍味」を超えて若い世代に味を伝える活動をしてきた。

阿部さんは、親しい水産加工場主や女川町のベテラン漁師夫婦と組み、地元の伝統保存食「蒸しホヤ」を新しい味付けで商品化。地元の飲食店や物産展、縁のできた支援ボランティアの協力で東京近郊にも売り込んだ。

ホヤの新商品は数年来、宮城、岩手などの水産加工会社が競って開発し、ＪＲ仙台駅など東北の新幹線駅や土産品店、デパ地下の食品売り場に並ぶ。料理店では和食からイタリアンまで品書きが増え、ホヤの新料理を競う屋台イベントに人が集い、殻付きホヤもスーパーの鮮魚コーナーにたくさん出回るようになった。17年に開店し、「ホヤの味の伝道者」を任じて多彩な創作料理を広める宮城県塩釜市の「ほやほや屋」（佐藤文行社長）も、県内外にファンを増やしている。

逆境を変える知恵を

「韓国向けに出荷していた頃は、選別が緩くとも飛ぶように売れ、値もどんどん上がった。思えば『バブル』だった。震災後は試行錯誤で苦労しているが、ホヤの国内消費は、震災前の年間約２０００トンから、いまは約５０００トンに増えている」

阿部さんはこう話す。かつて東北以南ではほとんど名前も味も知られていなかったホヤの需要は、少しずつだが広がっている。

「ただそれも、新鮮なホヤが水揚げできてこそだ」

鮫浦湾では、阿部さんと仲間たちが手塩にかけた最高の〝四年子〟が丸々と育っている。まさしく海が恵む宝だが、旬は日一日と空しく過ぎる。

牡鹿半島の海では最近、冬場の漁を支えたタラがめっきり少なくなり、それまで見なかったアンコウなど南の魚が揚がるようになった。

「貝毒もそうした大きな環境変化の現れだとしたら、ホヤ養殖という生業も終わるかもしれない。そうなれば、新しい漁に転換していくほかなくなる」

だが、震災から幾多の苦難に耐えた漁師には、諦めぬ強さ、逆境を変える知恵がある。ホヤを愛する人々の応援もあろう。

「これから海の水温が上がれば、貝毒は収まってくるのか。いまだけの現象なのか、毎年発生する

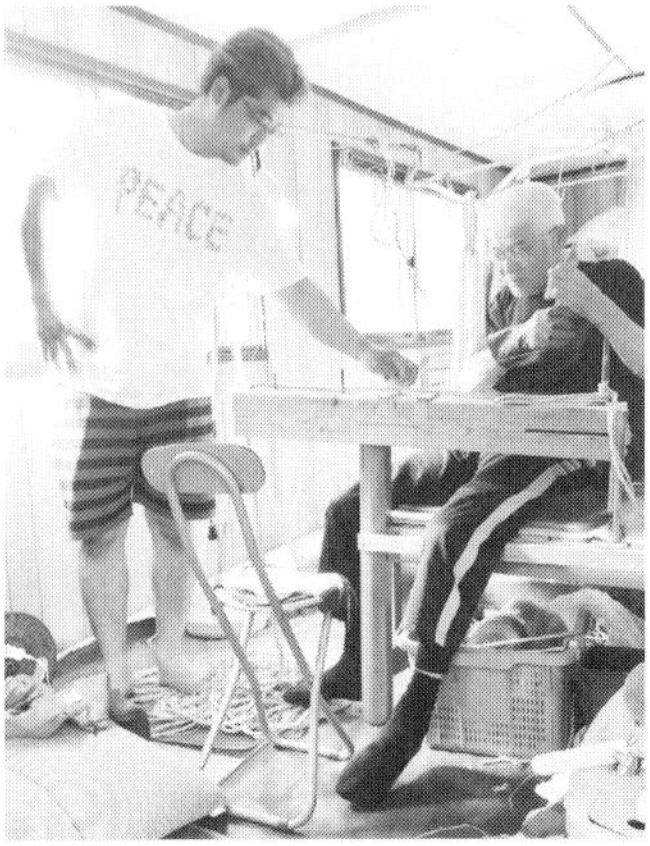

作業小屋で語り合う阿部誠二さん(左)と、網を編む忠雄さん＝2020年6月8日、石巻市鮫浦

津波から復活したホヤを水揚げした阿部誠二さん(右)と忠雄さん＝2015年5月12日、石巻市鮫浦湾

ものと覚悟しなくてはならないのか。検査の推移を見守るだけでなく、ホヤを海から水槽に移し、貝毒を抜ける方法を見つけるなど、あらゆる実験もしてみるべきだ。俺たちはここで生きていかねばならない」

取材したこの日、鮫浦湾には濃い海霧が立っていた。水温が上がってきた海に冷たいヤマセ（この季節の北東風）が吹き込んで起こす現象で、ベテラン漁師さえ惑わせるという。震災以来、海霧を手探りするようにホヤと生きる人々の視界は、いつ晴れるのか。

「国の規制値を上回るまひ性貝毒の発生で出荷の自主規制が続いていた石巻地方のホヤの水揚げが1日、再開した。監視海域を細分化した旧中部（追波湾、雄勝湾、女川湾・牡鹿半島東部）の貝毒を分析した結果、6月16日、23日、30日と3週連続で基準値を下回ったため、自主規制が解除された。記録の残る1992年以降初めて5月18日にまひ性貝毒が検

ホヤ養殖の協働作業をする谷川支所青年部＝ 2018 年 10 月 18 日、石巻市

出されて以来、久々の水揚げに各浜は活気に包まれた」

この記事が地元紙「石巻かほく」に載ったのは７月１日。猛威を振るった貝毒がようやく海から消えた。年間７００～８００トンを生産してきた県漁協谷川支所では、午前３時半に漁船２隻が出港し、４年もののホヤ１・４トンを水揚げしたという。牡鹿半島や三陸の各漁港から出荷された新鮮なホヤは、スーパーや鮮魚店などに殻付きやむき身で並べられ、この日を待っていた買い物客の様子が地元テレビのニュースで相次ぎ報じられた。

しかし、コロナ禍による県内外の居酒屋など飲食店休業の影響は重く、ホヤの市場価格は例年の６割に暴落した。自主規制による出荷の遅れを取り戻すため、例年だと８月までの水揚げも秋まで延長されたが、漁師たちの期待も空しく値段は戻らず、阿部さんはついに１度も水揚げしなかった。「来年」も霧の中だ。震災後の三陸では生業の危機は続く。

5　幾たびの苦難に屈せぬ南三陸町「震災語り部」ホテル（上）
――休まぬ「地域のライフライン」

２０２０年７月

新型コロナウイルス禍が再び全国に広がる中、政府の「Ｇｏ Ｔｏ キャンペーン」は混迷し、夏到来にも有名観光地の宿泊業者の苦境は続く。取材で訪ねたのは、東北・宮城県南三陸町のホテル。毎朝、東日本大震災の被災地の風景を巡る「語り部バス」を出す。これまで38万人を乗せ、その縁を全国に広げ、コロナ禍にも屈せず１日も休むことなく客を迎える。「被災地のホテル」の使命があるという。

「語り部バス」に乗る

７月18日。冷たいヤマセ（北東風）の霧雨が包む宮城県南三陸町の土曜の朝８時45分、「語り部バス」はいつものように「ホテル観洋」の玄関前を出発し、同町志津川の被災地の風景へ旅立った。語り部バスは１時間の行程で、午前10時には所用１時間半の第２便がある。どちらも毎日休まず運行しており、宿泊客でなくとも予約して乗れる。

この日、地元紙の河北新報1面の見出しは、「高齢・若者　団体旅行を控えて　政府Go To割引、業者任せ」。

コロナ禍でどん底にある旅行・観光・宿泊業者らへの支援事業「Go Toトラベル」の開始を同月22日に控えながら、東京都などの感染者が再び増加に転じていた。政府は急きょ、感染や重症化のリスクが高い層の団体旅行を「控えてほしい」と表明した。年齢や人数の線引きの判断を旅行業者に丸投げし、対象区域からの「東京除外」や、キャンセル料補償をめぐる論議に加えての新たな混乱の朝だった。

渦中の東京から約360キロ離れた被災地の「語り部バス」には、夫婦連れなど十数人の乗客が集った。

案内役のマイクを握ったのは、地元出身で防災士でもある同ホテル第1営業部次長の伊藤俊さん(45)。2011年3月11日の津波襲来の際は、ホテルの予約業務をしていた。志津川湾に近い町中心部のアパート3階の自宅は津波に呑まれたが、幸いにも外出していた妻と生後10カ月の娘は助かった。家財は流され、冷蔵庫が天井に刺さっていたという。

「あのころの暮らしはいま、(かさ上げされた土の)10メートル下にある。そして、高さ8・7メートルの防潮堤がいまも造られている。あの日すべてをなくし、普通には戻れない現実がここにあります。それを知ってもらい、応援してもらえて、だから元気でいられるのです」

伊藤さんが最初に案内したのは、同町南部の海岸から約100メートル離れた鉄筋コンクリートの

「語り部バス」のマイクを握り、戸倉小学校の被災と避難の実話を伝える伊藤俊さん＝南三陸町

戸倉公民館。震災当時は中学校の校舎で、大地震の約30分後、1階が津波に沈んだ。

「ここは指定避難場所で、人がいっぱいいた。津波が来ちゃいけない場所だったが、11人も亡くなった。『山から津波が来た』と、ここにいた人は言った。地形が複雑で、海とは逆の方向から津波が襲ってきた。一つひとつの場所で（防災の条件が）違うのです」

公民館前の旧戸倉中の校庭は、伊藤さん一家が暮らした仮設住宅のあった場所でもある。

戸倉公民館の近くに旧戸倉小学校があった。震災の2日前にも大きな地震があり、戸倉小の児童たちは3階の屋上に避難した。屋上か高台か、新任の校長と教員たちは何度も避難先の話し合いをし、この日の避難の後も、再度の話し合いで「逃げ場のない屋上でなく高台にするべき」との意見が出て、この積み重ねが震災当日の校長の決断に生きたという。

「児童と教員（91人）は高台へ逃げ、さらに（臨機の判断で）高い場所の神社に避難しました。その鳥居まで津波は来たのです。それは偶然じゃなく、昔からの言い伝えの場所がある。寒さの中、（神社で）子どもたちは卒業式のために練習した『旅立ちの日に』という歌を皆で歌って頑張ったのです。大事なことは、子どもたちに伝えてゆきましょう」

宮城でも消えた宿泊予約

高さ15メートルの津波で死者が５６６名、行方不明者も３１０名に上った南三陸町の中心地・志津川を、震災後に訪ねたのは翌２０１２年２月と３月。編集委員をしていた河北新報の新人研修に同伴し、同町職員43人が亡くなった町防災対策庁舎の廃墟などを視察した後、泊まったホテル観洋で女将の阿部憲子さん（58）から被災体験を聴き、その後で取材させてもらった。以来、８年ぶりの再訪だった。

志津川には漁港とホタテなどの養殖の景色が復活し、特産のたこ料理や「南三陸キラキラ丼」（ホテル観洋が発祥）が名物の「南三陸さんさん商店街」（食堂、土産物店、鮮魚店など28店舗）にマスク姿の家族連れの姿があった。が、往時の街の跡は分厚く盛り土されて記憶のよすがもなく、住宅地は高台に再建されて、防災対策庁舎の赤茶色の骨組みが保存された「復興祈念公園」の広大な造成現場と、いまだ続くコンクリート色の防潮堤工事の眺めが見渡す限り広がっている。

ホテルに着いたのは、冒頭の「語り部バス」に乗る前日の午後。志津川湾にそそり立つ岩盤の上に見える白亜の建物が「ホテル観洋」だ。５階に玄関とフロント・ロビー、10階まで客室があり、湾を一望する浴場群の眼下に青い海面と白波が広がる。

金曜日とあってか、フロントには意外に大勢の予約の客がいた。ただし、かつての団体客のにぎわいなどではもちろんなかったが、コロナ禍の下で予想された「閑散」の状況からは回復しているよう

ロビーでお客を迎える、おかみの阿部憲子さん＝2020年7月18日、南三陸町のホテル観洋

に見えた。ロビーで会った女将の阿部さんは、「うちの宿泊客も、4月は前年比で2割、5月は1割でした」と話す。

「始まりは2月。事務所の電話が鳴り始めて、数えることもできないくらいにどんどんキャンセルが続いて、私どものホテルではあっという間に5億円以上の予約がなくなりました。そして、ある時期から電話が全然鳴らなくなり、事務所が静かになった」

地元の宮城には秋保、鳴子、松島などの有名温泉地、観光地がある。多くのホテル・旅館が、東北各県などの緊急事態宣言が明けた5月半ば以降も休業を余儀なくされた。宮城県ホテル旅館生活衛生同業組合の調査によると、

「5月末時点の6～8月の予約数は、前年同月の宿泊者数の10％台にとどまっている。6月の予約は前年同月の宿泊者数の16・4％、7月は11・5％、8月は12・7％」

「書き入れ時の8月を地区別に見ると（中略）秋保（仙台市）は17・0％など、県内全地区で前年同月の宿泊者数の20％以下の予約数にとどまる。中でも鳴子（大崎市）は4・0％と落ち込んでいる」

（いずれも6月20日の河北新報より）

「大どころの有名旅館が休業するだけで、地域全体が止まったように動きも元気を失う。私たち三陸で業を営む者の多くが震災後は二重ローン、さらにコロナ禍で三重ローンを抱えて、それでも、長

く立ち止まれば後で立ち上がるのが大変だったり、ネガティブな感じになったりするのを震災で体験した。そこで止まっても固定費は重くかさむ。苦しくても歩みを止められなかった。私自身、『みやぎおかみ会』の会長という役目もありました」。阿部さんはこう語った。

みやぎおかみ会の奮闘

東北はもともと、東日本大震災の影響もあってインバウンド（訪日外国人客）の全国に占める割合が19年も１・５％ほど。それだけに大切にしてきた家族の宿泊や地元の歓送迎会もなくなった危機に、長年「縁」づくりを担ってきた阿部さんらおかみ会が行動した。

外出もできぬ子どもたちに旅の楽しさを忘れないでもらう「お宿の思い出こども作文絵画コンクール」。約60人の全国の小中学生が、県内の旅館にまつわる思い出を文章や絵にして送ってくれた。プレゼントは宿泊券や入浴券、図書券。

「おかみ会で3月に話し合って企画したが、人の流れが止まってチラシも渡せなくなり、ホテルのブログやフェイスブックで発信した。楽しみが次につながるし、何より、私たちには知恵を出すことしかなかった」

次の企画は、１万円で１万３０００円分の宿泊施設利用券「みやぎお宿エール券」の売り出しだった。購入先のホテル、旅館で宿泊や食事、入浴に今年いっぱい使える。「地元宮城と業界の窮地だから」と自らホテルに企画の事務局を置き、やはり3月中にアイデアをまとめた。３割の負担分の応援を県に求めたが、予算を議会に上げる手続きや要する期間の長さを伝えられ、「やるのはいま、やれる人だけで立ち上がろうと思った」と阿部さんは言う。

だが、作文や絵とは違って、現に苦境にある仲間に負担を無理強いすることはできなかった。おかみが賛成しても、社長が経営判断から首を縦に振らぬことも当然ある。参加できたのは、おかみ会加盟36軒のうち17軒だった。それでも、「私たちがまず成果を出して、第2弾、第3弾の時に安心して参加してもらおう」と前に進んだ。

「お宿の思い出」同様に、手作りだった「みやぎお宿エール券」を地元メディアも応援して取り上げ、7月1日の利用スタートまでに完売できた。都道府県をまたぐ移動自粛の解除が6月19日までずれ込んだこともあり、購入した人の9割が県内在住者だった。

「うちのホテルでも9割が県内からの宿泊客。エール券を持参した人が大半で、功を奏したと言えます。県境を超えて誘客するキャンペーンの立ち上げが早かった九州など西の方に比べ、東北は県ごとに慎重で遅れたかもしれない。それは、迎える側の心配が解消できずにいるから。お隣の岩手では、陸前高田など元来同じ地方の気仙沼の人が県境を越えてお昼を食べに行っただけで、県外ナンバーだと苦情を言われたとの話も聞いた。そうした地域の弱い面を、全国一律の尺度で考えがちな『中央』の人々は忘れがちになる。まず『地元、地域、県内、東北』と、時期に応じて少しずつ広げていけたら」

政府肝いりの「Ｇｏ Ｔｏ キャンペーン」が立ち往生しているのも、誰の目にも明らかな「観光・経済再興」と「コロナ禍全国拡大」の二律背反だけでなく、「まず地元から」緩やかに広げたい地方の声に、利権を抱えた「中央」の側が耳を貸そうとしない結果にほかならない。

それだけでなく、地方の人々は「東京」への恐怖感をいたずらに煽られ、観光の原点である「人と人の交流」の芽まで摘み取られようとしている。筆者の目には、東京電力福島第一原子力発電所の事故後の「風評」が福島や東北の観光復興を立ち遅れさせた過去のネガのように二重写しに見える。

「東京からおいでになる人たちのことをあれこれと言うのを聞くけれど、私にはできない。本当に心配な状況は危惧するけれど、私たちはどんな時も人をもてなし、お世話するのが仕事。震災からずっと、東京、関東から来られるお客様に被災地がどれだけ応援していただいたか。多くの方が震災を機に三陸を訪れ、縁を結んでくださった。ただ経営の収支や集客だけではない、私たち地域のホテルの役目や生き方を学ばせてもらいました」

震災、ホテルが担った避難所

こう語った阿部さんと「ホテル観洋」の東日本大震災での体験を、筆者は被災地取材記ブログ「余震の中で新聞を作る」（158回連載）に記録していた。12年5月26日の記事から、当時何が起きたのかを再現してみたい。

11年3月11日の津波襲来の後、ホテルにこもった人は約250人の従業員と宿泊客、それに避難者が約100人以上おり、翌日には住民も加わり600人を超えた。阿部さんは厨房担当者に「まずは1週間、3食ずつの献立を考えて」と伝え、壊滅した町に買い物にも行けぬ状況ゆえ、客と避難者にも協力を呼び掛けた。泣き崩れる女子社員を力づけながら、阿部さんはスタッフに「お客様優先で、おにぎりがあれば、半分にしてでも配りましょう。譲り合いの精神で」と使命感をもっての仕事を訴えたという。

宿泊客や避難者が必要とする病気の薬を求めて、従業員は町内の避難所にがれきを乗り越えて行った。

宿泊客は交通の復旧を待って17日までホテルに滞在し無事に帰ったが、避難者には家を流された従業員の家族も加わる一方、水は4カ月も止まった。浴場も断水で使えなかったが、「町に20トンの大型給水車が支援に来た日があり、4階の浴場の運転機械は無事だったので、その水で風呂を沸かし、近隣の人たちに提供しました。また、民間の給水車の支援もあって、住民の方のお世話ができました」と阿部さんは取材で語った。

誰もが困ったのは洗濯で、春先の冷たい川水で洗わざるを得なかった。ホテルの従業員がコインランドリーのある町まで車で洗濯物を運んだが、2カ月たってネットがつながり、仙台で洗濯ボランティアが活動していることを知って仙台まで往復するようになった。

5月になると、ホテルは2次避難所として受け入れた約600人の被災者のほか、医療ボランティアやライフライン工事の関係者ら約400人も宿泊し、夏場の冷房をどうするかが問題になった。ホテルの冷房は、水がないと動かせない設備だったからだ。

砂漠の国などの支援に使われる海水の淡水化処理システムがあることが分かり、その企業に人を介して応援を頼んだが話は進まなかった。やむなく川で洗濯をしている苦況が報道されたことで、6月末に淡水化システムがホテルの敷地に設置され、避難者は冷房と館内の水洗トイレ、洗面所がようやく利用できるようになり、大浴場も週2回の入浴に開放された。

「病院もスーパーもなくなった町から、人口流出も始まりました。私たちが2次避難所として名乗りを挙げたのは、『流出に歯止めを掛けたい、今が踏ん張り時だ』と念じたから。とりわけ子どもたちを世話してあげたかった」

「駐車場の縁石を机代わりに勉強している子、居場所がなく避難所の体育館の床で寝そべる子も。津波が来なければ、夢の志望校を目指して頑張っていた子もたくさんいたはず。以前なら、『お前は長男だから』と言われていたのに、守るべき家は流され、このままでは若い人はみんな町を出て行ってしまう。そうなれば、町の未来も復興もない。子どもたちの居場所、勉強の場を考えてあげなくては、と痛切に思いました。ホテルに『寺子屋』を開きたい、と」

仮設住宅の子どもたちのため、阿部さんがホテル内に開いた学習塾＝2012年3月

いまも続くホテルの子ども塾

当時の阿部さんは、町の同胞たちの避難生活だけでなく、家と勉強の場を失った仮設住宅暮らしの子どもらの姿にも心

を痛め、「その未来を応援できたら」とホテル8階の広い客室に無償の学習塾とそろばん教室を開いた。

仮設住宅から通うための送迎タクシーを用意し、仙台や東京から大学生のボランティア教師たちを募集した。筆者が取材した慶應義塾大4年の男子学生は、1回来るごとにホテルに1週間泊まって教え、小中学生の相談にも笑顔で乗った。当時、塾で話を聴いた子どもたちのその後を、阿部さんに尋ねた。

「被災地でも進学の夢を捨てず、先生たちに憧れて大学生になったり、消防士や看護師、警察官など人を助ける仕事を選んだり、みんな、たくましく成長しました。いまも同じ部屋で学習支援は続いて、そろばん塾に50人が通っている。暗算9段で全国大会のベスト4に入った子もいるんです」

海に面した浴場が一部津波で被災した以外は、強く高い岩盤に建てられた「ホテル観洋」は震災でびくともせず、「地域のライフラインの役割を果たせた」と阿部さんは振り返る。

「町の中心部の8割が被災し、地域全体が暗くなった中で、冷たい板敷きでない畳の避難所を提供し、売店は住民たちの食料品売り場やコンビニ代わりになり、お風呂やお手洗いも利用してもらい、明るいロビーはお母さん方の気分転換の場所にも役立てた。人口も職場も減った町で、若い世代の働く場にもなってきた（社員は220人）。そして、帰省しても実家がなくなった町の縁者や、遠くから復興に関わる仕事に来られた方のお宿になれた」

こうした震災時の苦闘と想いは、今回のコロナ禍でどう活かされていったのか──。

6
幾たびの苦難に屈せぬ南三陸町「震災語り部」ホテル（下）
――津波と命を「伝承する」使命

２０２０年７月

「おかみ会の会員のホテル・旅館も、創業１００年どころか２００年、４００年もの間、地元に根付いてさまざまに貢献してきたと思います。私たちの『ホテル観洋』は１９７２（昭和47）年に開業して半世紀余り。今回のコロナ禍の状況でも、１日もホテルの灯を消しませんでした」

女将の阿部憲子さんはそう語る。「地域のライフライン」の役目とともに、もう一つ理由があるという。それは、「被災地のホテルとして、この地に残った者としての使命を負っているのです」。その象徴が「語り部」バスだという。

「避難所を開いていた時から取り組みは始まりました。最初は、街並みがなくなった志津川を『誰か、道案内をしてほしい』と依頼され、営業マンが車を出して『津波の前は、こちらに○○があって、あちらに○○があった』と案内しました。それがボランティアや視察の団体、個人の客からも求められるようになって、『失われた町の記憶を伝えるのも大事な仕事。これが語り部なのか』と気付き、毎日バスを運行するようになりました」

コロナ禍の9年前になった東日本大震災でも、人の流れと交流が止まってしまう危機があった。だが、語り部バスが多くのリピーターを町に招き寄せた。

「ボランティア活動で泊まり、バスから被災した町を見つめた人が、次には部下や家族に話して連れてきてくれ、1人の体験者の持ち帰った種が広がった。来るたびにバスに乗り、8回、9回、10回という人もいます。町のその後の姿を定点観測してこられた人、語り部を担っている社員に愛着を感じて会いに来てくれる人もいます」

震災直前の11年2月に5336世帯、1万7666人が暮らした南三陸町の人口は、20年6月末現在で4475世帯、1万2449人に激減した。ホテルに泊まり、語り部バスに乗った人々は、かつての志津川の町中心部に生まれた「南三陸さんさん商店街」などを訪れて食事や買い物をし、毎月恒例の「福興市」や「牡蠣フェスティバル」など季節のイベントを楽しんできた。

「震災で定住人口が減った町にあって、被災体験を伝える活動は、私たちを日本中の人とつなぎ、町を交流の場にし、町の生業や経済を生かします」と阿部さん。

語り部バスに始まったホテルの活動は、さらに全国から700余りの中学、高校や大学の教育旅行を集わせた。

南三陸町に震災後、初めて教育旅行の一行が訪れたのは12年5月上旬。東京の私立高校3年生ら約400人が、がれきの残る被災地を巡って住民の体験を聴いた。

前年まで卒業記念事業としてマナー講習などを行ってきたが、教職員を中心に「被災地を実際に見せたい」との声が上がったという。

「自分たちの目で見て、生の声を聞くことで命の大切さを知り、災害に遭っても大丈夫なよう心構えを身に付けてほしい」という校長の言葉が、同月９日の河北新報に載っている。一行の宿泊を受け入れたのが「ホテル観洋」だった。

全国から南三陸へ修学旅行

「東日本大震災は１０００年に１度の災害といわれました。ならば、その被災地は１０００年に１度の学びの場所。全国に呼び掛け、来ていただきたかった」と阿部さんは語った。

町内の仮設住宅開設とともに避難所の運営を終え、ホテルは教育旅行の南三陸町への誘致に取り組んだ。当時は原発事故をめぐる風評が東北全体に広がり、被災地から遠い会津若松市でも、毎年５〜６月に３００校もあった修学旅行が11年に９割も減った。各地へ説明会に歩いたホテルの営業マンたちは先々の学校のＰＴＡの説得に苦戦したが、不安を超えて熱い関心を寄せてくれたのが、福岡県立修猷館高校など東北から一番遠い九州の学校だった。

「ある高校の校長は、下見においでになった時と修学旅行の時とでお姿が変わり、後で『いまこそ生徒に学ばせなくては、と親たちを説得するために頭を丸めた』と聞きました」

大学生のボランティア旅行で早かったのは日本赤十字九州国際看護大学。ホテルも町内も断水が続いていた時期で、大学からの申し出に「何かあれば取り返しがつかない」と阿部さんが返事をしかねていると、「そうしたことが起きた時に活躍できる学生を育てたいのです」とのメッセージを学長からもらい、社員一同で感激したという。

こうした被災地を訪ねた若者の体験談や発表文が、風評を超えて現地の風景と人の思いを学校から学校へと広めていった。多くの「学びの旅」が石巻や気仙沼など他の被災地も併せて訪れ、地域をつなぐ相乗効果を生んだ。

修学旅行や大学のゼミ旅行、企業の研修でも、阿部さんは時間の許す限りホテルの会議室を用意し、自らマイクを握って震災の日々を伝え、語り部バスに乗せて追体験の旅へ送り出す。

そこで必ず語られ、立ち寄られる場所が「高野会館」だ。

２０１１年6月23日の河北新報（連載「ドキュメント大震災 逃げる その時」）は、津波襲来の時、高野会館であった出来事をこう伝える。

「会館を出ようと、ロビーに殺到した人だかりが歩みを止めた。階段の前で、従業員らが大きく手を広げ、仁王立ちになって行く手を遮っていた。『生きたかったら、ここに残れ』。男性の怒鳴り声が響いた。『頑丈なこの会館が崩壊するなら町は全滅する』。同会館営業部長の佐藤由成さん（64）は、１９８８年の開館当初から勤務。設計段階から知り尽くした建物の強度に自信を持っていた」

「地震発生時、３階の宴会場は老人クラブによる『高齢者芸能発表会』の閉会式のさなか。強烈な横揺れに大勢の客はパニック状態になった。１階にいたマネジャーの高野志つ子さん（67）が階段を駆け上がると、従業員らが来館者を上階に誘導するのが見えた。

最高齢90代後半、平均80歳前後。来館者の避難は困難を極めた。『早ぐ上がって、早ぐ上がって』。営業課長の西條正喜さん（44）は列の最後尾で追い立てた。階段は人でびっしり。『このままでは津波にのまれる』。体力のある人がお年寄りを背負った」

３２７人の命を守る

高野会館は結婚式や同窓会、法事など冠婚葬祭でも、町民の誰もが利用したことのある総合会館だった。「津波が来る、帰したら危ない」という従業員らの判断で、高齢者の客ら３２７人（犬も２匹）が会館にとどまり、屋上階まで浸した津波から全員の命を守った。

327 人の命を守り、いまに残る高野会館。来町者に津波の記憶を伝える貴重な遺構だ＝ 2020 年 7 月 18 日

大勢の人が犠牲になった町防災対策庁舎や公立志津川病院（入院患者ら75人が死亡・不明）と対照的に「生の象徴」となった建物だ。しかし、町の震災伝承の遺構として保存されるか否かはまだ定まっていない。

防潮堤建設現場のそばに立つ真っ白な高野会館は、鉄骨だけの町防災対策庁舎とともに往時の町中心部の貴重な遺構だ。４階部分の外壁に「津波到達」を表示する青いプレートがあり、想像を絶する高さであったと分かる。

もともと「ホテル観洋」のグループで、華やかなシャンデリアで飾られた会館には、あの日、大津波で破壊された家々や漁船、車が各階のガラスを破って突っ込み、館内はがれきに埋もれた。いまはがらんどうだが、不思議なことに結婚式場の大きな神棚や鏡は往時のまま無傷で残る。

高齢者たちが避難した階段で屋上に至ると、膝下ほどの高さに、津波に浸った線がある。解体されてなくなった公立志津川病院が、ほぼ同じ高さで会館と向かい合っていたという。

「隣の公立病院ではエレベーターが止まり、患者さんを屋上まで避難させることができず、74人が亡くなりました。こうして話さなければ、もう分からなくなり、未来にはなかったことにもなってしまう」

語り部バスの案内役を務める伊藤俊さんは、高野会館の前でこう訴えた。

会館は、設計者が通常の倍の強度の基礎を造り、災害時は避難場所にと考えた。営業部長の佐藤由成さんは設計にも関わり、建物の強さに信頼を置いていた。だが、大地震発生で芸能発表会がお開きになった直後、3階の窓から海の水が引いていくのが見て、「津波が来る」と予測したという。

「佐藤さんは、海の底を見たことがある人でした。チリ地震で志津川湾の海の水が引いた光景が重なり、来る前から津波が来ると分かった。だから『お客さんを帰しちゃいけない。外に出ちゃだめだ。生きたければ、外に出るな』と叫んだ。何よりも大事なのは生き残ること。『てんでんこ』（てんでんばらばらに、各自で、という方言）でも生き延びて命を守ることだ。私の同級生も、前年に子どもを産んで、これからの人生だったのに、流されていまも見つかっていない。つらくても、伝える役目を託された人が伝えなくては」（注・チリ地震津波　１９６０年5月23日、チリ沖の巨大地震で発生した津波が翌24日未明に旧志津川町を襲い、犠牲者41人、流失家屋３１２戸に上った）
いまは希少な津波の記憶伝承の場となった高野会館には、毎日の語り部バス、修学旅行などのバスが立ち寄る。だが、かさ上げされた10メートル上の幹線から会館に降りるルートは工事現場の中の曲がり道で、雨天ではぬかるみ、そこに大型バス6、7台が連なる日もある。遺構を管理している阿部さんらは町役場に、「震災遺構」としての公的な保存や道路整備を要望してきた。17年に日本観光振興協会など主催の「ジャパン・ツーリズム・アワード」を受賞し、国土交通省の「震災伝承施設」にも登録された。しかし、町からはいまだ前向きな回答がないままだ。

震災遺構を残す意味

阿部さんの父は「ホテル観洋」の親会社、気仙沼市の「阿部長商店」の創業者、阿部泰児さん（1985年に85歳で死去）。古里の志津川で営んだ鮮魚店をチリ地震津波で失い、気仙沼に出て県内有数の水産加工会社を興した。震災の5年前に、市内にあった自宅に3階屋上に外から登れるらせん階段を設け、近隣住民に呼び掛けて避難訓練を重ねたという。東日本大震災の津波で周囲の地域は被災したが、自宅の屋上で泰児さんや住民ら約20人が命を取り留めた。

「目で見て津波の怖さが分かるものを後世に伝えないといけない」と、2度の津波体験の教訓を込めた震災遺構として保存を市に訴え、高野会館と同じく国交省の震災伝承施設にも「命のらせん階段」として登録された。

1995年1月17日の阪神淡路大震災の被災地、淡路島（淡路市）に、大地震とともに地上に出現した「野島断層」（国天然記念物）を保存公開する「北淡震災記念公園」がある。神戸市長田地区で焼け残った市場の防火壁、通称「神戸の壁」（高さ7メートル、幅14メートル）なども移築保存された同公園を、阿部さんは震災遺構の先達の地として15年に初めて訪ねた。

そこで美術家三原泰治氏を中心にして6年を掛けた「神戸の壁」保存運動を知り、野島断層の近くで震度7の激震に耐えた民家が「メモリアルハウス」として展示されているのを見た。公園の宮本肇総支配人は淡路市職員時代、民家の持ち主のもとへ「震災を伝えるために必要と説得するのに150回以上通った」と語った。遺構を残した人々の思いの熱さに触れ、阿部さんは「父の思いが重なり、私の使命もそれなのだ」と決意を新たにした。

コロナ禍で日本中に「自粛」の波が広まる直前だった20年2月下旬、ホテル観洋で「教訓が命を救う――『語り部』のもつ尊い使命――」と題して「第5回全国被災地語り部シンポジウム in 東北」が催された。

東北の被災3県や淡路をはじめ各地から語り部の活動を行う人々が集い、震災遺構との向き合い方や、記憶を未来に伝える方法などを現地視察とともに語り合った。400人以上が集うシンポジウムの第1回と3回も、ホテル観洋が会場を引き受けており、阿部さんにとって大事な人生の仕事になった。

コロナ禍は東京など大都市を中心に「第2波」ともいえる感染拡大を見せ、旅行・宿泊業界が必死の期待を寄せる「Ｇｏ Ｔｏ キャンペーン」の腰も折り、その混乱収拾を政府はつけられないでいる。阿部さんが種まきをしてきた被災地への旅も途切れてしまうのだろうか。いや、そんな危惧は当たらなかった。

「いま、全国から修学旅行の問い合わせが来ています。外国や国内の他の地方を旅行先にしていた学校が、代わりに感染状況が緩やかな東北の被災地を検討してくれているようです。これから先はまだ見えませんが、被災地の体験はきっと、コロナという新しい災害の日々にどう向き合うか、若い世代が考えることにも役立てると願っています」

阿部さんらの思いはコロナ禍を乗り越え、ホテル観洋の宿泊客を、この記事の時点で前年の６割まで呼び戻した。インバウンドの「数」と「金」を競った「コロナ以前」から、人々の旅のありようも目的も価値もまた確実に変わっていく。

7　汚染水「海洋放出」
――政府方針で置き去りにされる「福島・相馬」漁師たちの怒り

２０２０年11月

夏休みの思い出が深かった郷里、福島県相馬市の浜を「取材」で訪れるようになったのは、２０１１年３月11日の東日本大震災からだ。大津波から２週間後、名産の春告げ魚コウナゴの漁を前にして岸壁に打ち上げられた漁船、がれきに埋まる旅館街、漁師町の廃墟を眺め、出会う人に知人の安否を尋ねた。当時編集委員をしていた河北新報には古里が被災地になった同僚が多く、「取材者であり当事者」との宿命を背負って報道を続ける記者の１人に筆者もなった。

相馬の漁師は、漁の腕と技術の高さ、勇敢さで知られ、津波が到来する時間を予測して１００近い漁船が沖出し（沖への避難）を敢行した。すぐ再起を目指した漁師たちは、しかし、45キロ南で起きた東京電力福島第一原発事故に追い打ちを掛けられた。東電は事故後の４月４日、原発から１万１５００トンもの汚染水を、福島県漁連へ事前説明もなく海に放出。漁場の汚染と風評の広がりで、漁連は操業自粛を強いられた。相馬の漁師は守り抜いた漁船群を港に止め置かれ、それでも生業復活のため、週に数日の試験操業で魚の安全検証を重ねながら、捕れる魚種を一つひとつ増やしてきた。

２０２０年の相馬の浜は、２つの大きなニュースの相矛盾する動きの間で揺れた。「福島県漁連は29日、いわき市で組合長会議を開き、東京電力福島第1原発事故で自粛を余儀なくされている沿岸漁業の本格操業について、２０２１年4月の再開を目指すことを決めた。制約の多い試験操業の開始から今月で8年3カ月。県の水産業は本格復興に向け大きな節目を迎える」（9月30日の河北新報から）

「東京電力福島第1原発敷地内でたまり続ける放射性物質トリチウム（三重水素）を含む処理水を巡り、政府が今月下旬にも廃炉・汚染水対策関係閣僚等会議を開き、処分方針を決定する方向で調整していることが13日、分かった」（10月14日の共同通信の記事から）

震災以来、地元で取材の縁を重ねた、浜の生業に携わる人たちを再訪したのは10月下旬だ。

福島の浜の命脈も

新鮮な魚の品ぞろえで知られる「ナカジマストア」という店が、浜に近い団地にある。社長の中島孝さん（64）は、浜の魚介を手広く行商をしていた両親から、36年前に店を受け継いだ。「ヒラメ、アイナメ、タコ、ツブ、ホッキなど相馬の魚の魅力を伝える」ことを仕事にし、市場で自ら仕入れ、漁師と酒を酌み交わし、浜のおかみさんとのつながりを重ねてきた。

大きな漁師町だった原釜・尾浜地区は、津波で大半が流され、漁師と家族も被災者となり身内を失った。中島さんは、支援から忘れられ孤立した人々の窮状を聞き、１３０世帯の主婦たちと臨時の

東日本大震災の津波で廃墟となった相馬市の漁師町、原釜・尾浜地区＝2011年3月25日

互助組織をつくって、市役所に届く支援物資を自分たちで受け取って配給する活動を続けた。「皆が家族に暮らした浜の主婦たちの目配りが生きた」と当時、中島さんは語った。

「原釜小買請人組合」の組合長でもある。民宿や小売店、仲買人、行商など、漁師と共に浜を支えていた業者40人が加入したが、津波で生業の場を失い、原発事故後の漁自粛で失職状態になった。相馬のカレイやヒラメは長年のブランド品で、他の産地の魚では代えられず、「原発事故の影響は明らか」と中島さんらは東電と団体交渉を重ね、損害賠償に道が開けたのは11年の暮れ近く。だが現在も「賠償金はほとんど入らず、条件の難しさから諦め、組合もやめた人が多い。いずれも零細な商売で、震災後に心と体を病み、10人ほどの仲間が他界した」と言う。

民宿は震災前の半分になり、仲買業者も苦しい。厳しい放射性物質の検査の上で、漁獲可能な魚種を増やしてきた試験操業の結果、20年2月までに全魚種で出荷制限解除という朗報もあった。が、水揚げ量は震災前の15％足らず、金額で20％程度だ。この間、福島第一原子力発電所からは何度も汚染水流出事故があり、福島産品への風評被害は続いている。浜通り産のヒラメなどは「常磐もの」と呼ばれるブランド品なのに、「仲買業者に聞くと、いまだに市場で売れていないという。農林水産省が大手スーパーに助成して販路拡大のキャンペーンをしているのだがね」。

中島さんは、国と東電を相手取って12年7月、県内や全国の被災者と原発事故からの「原状回復」と「古里喪失」の慰謝料を求めた福島原発集団訴訟（約３６５０人）の原告団長になった。「声を上げられず途方に暮れていた人も多い。結束しなければ、浜の生業を取り戻せない」との思いから、「生《なり》業《わい》訴訟」と呼ぶ。９月30日には国の責任を認める高裁判決を勝ち取ったが、さらなる懸念がのしかかる。福島第一原発構内のタンクに現在１２３万トン以上たまっている汚染水の処理水、いわゆるトリチウム廃液の最終処分をめぐる問題だ。

家業の傍ら、「生業訴訟」の原告団長となった中島孝さん＝2020年10月22日、相馬市のナカジマストア

「原発事故は廃炉まで続く。40年掛かるというが、その間ずっとトリチウム（廃水）を海に流されたら、風評は未来まで続くだろう。いまだ原発事故の責任さえ国は取っていないのに、このままなし崩しで事が進めば、生業訴訟が問うてきたものも、福島の浜の命脈も失われる」

海洋放出案に前のめり

福島第一原発の汚染水は、原子炉建屋に流れ込む地下水が、溶融した核燃料（デブリ）に触れて毎日400トン近く発生した。東電は13年3月から、汚染水から約60種の放射性物質を除去する多核種除去設備（ALPS）を運転させて処理水を構内のタンクに保管する一方、流入前の地下水をくみ上げて海に放出する「地下水バイパス」、原子炉の周囲の井戸42本でもくみ上げる「サブドレン」を14～15年に稼働させ、発生量を約3分の1に減らした。しかし、放射性物質の1種のトリチウム（半減期12年）は溶け込んだ水から除去できないとされ、東電の「処理水ポータルサイト」によれば、タンクに溜められたトリチウムなどのALPS処理水は現在123万トンに上り、22年夏ごろにタンク増設計画の容量いっぱい、つまり保管の限界に達するという。

それを「海洋放出」する案は、13年9月、日本原子力学会の福島第一原発事故調査委員会が最終報告案で「自然の濃度まで薄めて放出」を提案したのを契機に、16年5月に政府「トリチウム水タスクフォース」が、①深い地層に注入、②海洋放出、③蒸発、④水素に変化させて大気放出、⑤固化・ゲル化して地下に埋設――の方法の検討から「海洋放出が最も短期間に、低コストで処分できる」とする試算を明らかにした。政府内からは堰を切ったように「放出はやむなし」との発言が相次ぐようになり、中でも原子力規制委員会は「廃炉に伴う廃棄物が増える中で、タンクは延々と増やせない。トリチウムは分離できず、濃度基準を下回る水は何十年も世界で放出されている」（田中俊一前委員長、

16年3月8日の河北新報)、「希釈して海洋放出する以外に選択肢がない」「批判は承知しているが、(海洋放出が) 技術的にまっとうで唯一の選択肢である」(更田豊志現委員長、17年12月15日の同紙) など容認論の旗振り役になった。

処理水の処分を検討してきた政府小委員会が20年2月、海洋放出と大気放出の2案を「現実的な選択肢」とする報告書を公表。風評被害の発生可能性と対策の必要を指摘しつつ、最終判断を政府に委ねた。しかし、実態として政府が世論づくりを進めるのは海洋放出案。4月以降、政府は福島や東京で意見聴取会を重ねたが、浮かぶのは政府の前のめりの姿勢だった。

「参加者からは、国の議論の進め方に疑問の声も挙がった。どの方法でも甚大な風評被害が出る可能性があるのに、国は『まずは丁寧に意見を聞く』との姿勢を貫き、具体的な対策を示さなかったからだ。福島県双葉町の伊沢史朗町長は終了後の取材に『二つの処理案について、国はそれぞれの風評被害対策を具体的に示す時期に来ていると思う。これがない中では判断できない』と不快感を示した」(5月10日の河北新報)

「全国消費者団体連絡会の浦郷由季事務局長は『実行しやすさを判断基準にしてはいけない』と指摘。陸上保管法の実現性を再検討するよう求め『多くの国民が処理水の現状を知るまで方針を決めるべきではない』と述べた」(7月1日の同紙)

福島県内の市町村議会への政府の説明会も併行して行われたが、「反対姿勢を鮮明にしたのは浪江町議会。『海に流せば風評被害が強まる』『住民帰還にも影響が出る』といった懸念が噴出した」「南相馬市議会も海洋放出反対が大勢だった。今村裕議長は処理水放出に『「もうたくさんだ」というのが本音。われわれにまだ負担を強いるのか』と憤りを隠さなかった」（5月25日の同紙）といった拒否感が広まり、海洋放出に反対する意見書採択の動きも相次いだ。

地元の福島県漁連は海洋放出に一貫して反対を訴えており、全国漁業協同組合連合会も6月23日、「海洋放出に断固反対する」との特別決議を行った。福島と境を接する宮城県の山元町長や県漁連、茨城県知事らの反対の声も報じられ、被災地を歩く筆者の耳にも容認論は皆無と思えたのだが。

「声を聴く気はあるのか」

福島の現場の漁業者には、いつ、どんな説明があったのだろうか。

宮城県境の新地町で旧知の漁師、小野春雄さん（68）を訪ねると、7月21日、相馬双葉漁協の新地支所に経済産業省と東電の担当者が説明に訪れ、10人ほどの漁師が集まっただけだった。

「コロナ（禍）の中だから、説明会に出てこられなかったり、それを知らなかったりした仲間も多い。配られた資料は、東電が作った、トリチウム（を含む廃水）を海に流した場合のシミュレーションの図と、トリチウムは人体に影響はないと解説する福島の地元紙の連載記事のコピーだった。とにかく海に流しても安全だという話で、『海洋放出ありき』の説明だった」

シミュレーション図は東電が公表しており、福島第一原発からの年間放出量が最大仮定の100兆ベクレルの場合、海水中濃度が福島県沖の通常のレベルを超える範囲が、原発の南北約30キロ、沖合約2キロ（北は南相馬市と浪江町の境から、南は楢葉町）と予測した。トリチウムの濃度が通常レベルを超えるエリアは、「発電所近傍に限られ、ＷＨＯ飲料水基準（10，000ベクレル／リットル）と比較しても十分小さい」と東電の資料にある。同じ説明が各地でなされたようだ。

「だが、説明を聞いても分からなかった。俺たちは一生ここで漁をする。風評が起きて魚が売れなくなったら、船方（漁師）をやめなきゃならん。生きるか死ぬかの問題なんだ。ただ『安全だ、大丈夫だ』で、納得できる対策の話はなかった。理不尽を一般の人たちにも知ってほしいのに、会場に取材に来た報道陣はシャットアウトされた。ここでの説明はその一回きりだよ」

意見聴取会も説明会も、誰もが懸念する風評への政府の責任ある姿勢が伝えられぬまま、「海洋放出案」決定へ収束するばかりの動きが、霞が関発の報道を通して広められていく。

「東京電力福島第1原発敷地内でたまり続ける放射性物質トリチウムを含む処理水を巡り、政府が今月下旬にも廃炉・汚染水対策関係閣僚等会議を開き、処分方針を決定する方向で調整していることが13日、分かった。複数ある選択肢から海洋放出に絞り込む」という本稿冒頭の記事に続いて、共同通信電の続報が河北新報などに載ったのが16日。

「東京電力福島第1原発で汚染水浄化後に残る放射性物質トリチウムを含んだ処理水の処分に関し、政府が海洋放出を決定する方針

2020年10月24日　福島市内でトリチウム放出反対を訴える小野春雄さん（川嶋さんから）

を固めたことが15日、関係者への取材で分かった。月内にも関係閣僚による会議を開いて決定する。風評被害対策は新たな会議体を設置して具体化を進める見通し」
いずれも政府内から取材記事で、「突然上から降ってきた話で、誰が責任者なのか分からない。風評も二の次なのか。俺たちを弄んで、声を聴く気はあるのか」と小野さんは怒った。

汚染水と苦闘の歳月

今野智光さん（62）は相馬市尾浜の3代目漁師。相馬双葉漁協理事で原釜小型船主会長を務めてきた。自宅と倉庫が津波で流され、中島さんの店がある団地に新居を建てて7年になった。「浜では仲間が声を掛け合い、お茶のみ、世間話、情報交換が毎日の生活にあった。ここじゃ近所と話したこともない」という。息子の貴之さん（39）は19歳の時、大学をやめて父の船に乗った。原発事故後も漁再開を諦めず、青年部の仲間らとサンプリング調査に取り組み、試験操業につなげた。久々に訪ねたのは、海洋放出をめぐる新たな動きをメディアがまた報じた後だ。

「東京電力福島第1原発から出る放射性物質トリチウムを含む処理水について、政府が海洋放出で処理する方針の月内決定を断念したことが23日、分かった。公募意見で安全性に懸念を示す声が7割に上るなど国民の不安は依然強く、関係省庁でさらに時間をかけて検討する必要があると判断。方針決定のため27日にも開く予定だった関係閣僚会議を見送る」（10月23日の時事通信の記事）

今野さんは、27日に政府が方針を決定する、との情報を聞いていた。その4日前に出席した、県漁

試験操業の出港を待つ間漁網を編む今野智光さん＝2014年3月10日、相馬市尾浜

連傘下の組合長（7漁協）らと国、県、水産専門家らで組織する福島県地域漁業復興協議会のいわき市での会議。その方針が翌28日には漁協組合長たちに伝えられるとの話もあったという。会議で野崎哲県漁連会長は、海洋放出に反対しながら、冒頭のもう1本の記事のように21年4月にあくまで本格操業スタートを目指し、「本格操業を貫くことが最大の反対運動になる」と述べた。海洋放出問題と本格操業を切り離したいという会長の考えに今野さんは異論を訴えた。「沿岸で漁をする者は皆（海洋放出による風評を）心配している。この問題を切り離しての本格操業などあり得ない。俺たち小型船漁業者の気持ちが分かっているだろうか」

こう振り返って今野さんは、福島には沖合底引き船、沿岸の小型船の2つの漁業がある、との実情を話した。浜通り北部（相馬、双葉両郡）で最大の相馬双葉漁協の組合員で、小型船は約80人、約400艘、沖合底引き船は23隻、約120人だが、操業海域や水揚げの規模が違う。試験操業中の現在、小型船は10キロ前後の沿岸で、沖合底引き船は海の深い福島県沖で漁をし、1回の水揚げ額でも5倍近く差があるという（福島第一原発の半径10キロは禁漁）。震災前、福島の沖合底引き船は宮城県から千葉県の沖までの海域を漁場にしていた。しかし、試験操業で

試験操業のタコを水揚げする小型漁船＝2013年9月25日、相馬市松川浦漁港

水揚げは激減。そこで県漁連は20年9月から新たな漁業復興計画をスタートさせた。沖合底引き漁を牽引役に、5年後には震災前の6割まで水揚げを復活させる目標を掲げた。自身も沖合底引き漁に携わる会長の意欲もそこに重なる。全国の応援も期待できるかもしれない。

「だが、はるか沖で操業する底引き船と、俺たちは漁が違う。本格操業が最大の反対活動というが、小型船は（トリチウム廃水が）海洋放出案が出ている海域が仕事場。風評が立てば影響が直結する。逃げようがない。俺は小型船の代表として、会議でそうも発言したんだ」

もし本格操業が始まれば、原発事故後の漁自粛への東電の損害賠償も打ち切りとなる可能性がある。トリチウム廃水の海洋放出がなければ――という前提ならば、その挑戦に乗り出せるだろう。しかし、現実になれば、その風評は小型船の漁師たちに致命的になる、と今野さんは危惧する。「魚が売れなくなれば、廃業せざるを得なくなる船がたくさん出るだろう。いま以上の風評被害を誰が責任をもってストップするのだろうか」と、貴之さんも懸念を口にした。

大震災と原発事故から10年の時が流れようとしているが、「福島の魚への風評は現在も続いている」と、今野さんが悔しそうに語る。相馬双葉漁協は試験操業の間も、復活を懸けて売り込みの努力を続け、築地（現在は豊洲）には理解を得て受け入れてもらってきた。貴之さんら漁協青年部も福島の魚のPRイベントを東京、千葉などで催してきた。が、風評は距離が遠くなるほど濃厚に固まっているようで、関西方面の市場の反応はいまだに厳しいという。

「相馬らしい生きのいい魚を出す努力をしてきたが、見えない壁もある」と今野さんは言う。「他産地に比べると、単価はカレイもシラスも3分の1ほどだ。『どこで捕れたか』で差を付けられるんだ。マコガレイなど、宮城産に10キロ2000円の値が付いた時、ここのは500円。全国的に水揚げがなくなり、品薄で相馬産が高く売れたコウナゴは例外だったが」

震災後は、福島第一原発の汚染水との苦闘の歳月だった。原発事故直後に東電が放流した大量の汚染水のため漁自粛を強いられ、試験操業開始からわずか1年余り後、13年7月に汚染水の海洋流出事故が発覚。折から漁協が出荷中のタコの値が暴落し、名古屋市場で取引停止になり、試験操業は中断された。風評は猛烈で、内陸の福島盆地でも旬のモモが売れなくなった。汚染水管理のずさんさを問われた東電は前述の「地下水バイパス」など対策に追われる。

今野さんに初めて会ったのは河北新報連載「ふんばる」の取材で、14年3月29日の「漁は誇り、再開諦めぬ　国は汚染水対策全うを」という記事になった。仲間を励ましながら、週わずか2回の出漁の合間、漁復活の日に備え漁網を編んでいた。語った言葉が「せめて5年後の（汚染水問題解決の）見通しがつけられないと。息子に対しても責任がある。陸《おか》に上がることもできたはずなのに。努力が報われる将来を、若い人に見せたいんだ」。

国は前面に立たないのか

「深刻化する汚染水問題を根本的に解決することが急務でありますから、今後は東京電力任せにするのでなく、国が前面に出まして、必要な対策を実行してまいります」

これは13年9月3日、今野さんら相馬双葉漁協組合員に対して政府、東電が開いた汚染水流出事故後の対策の説明会で、経産省の参事官が読み上げた政府・原子力災害対策本部の「汚染水問題に関する基本方針」の一文だ（筆者はブログに記録）。「国が前面に出る」という公約を、政府側の歴代担当者は漁業者に繰り返し語った。さらに東電が野崎県漁連会長あての汚染水対策の回答文書（16年8月25日付）に、「漁業者をはじめ、関係者への丁寧な説明等必要な取組を行うこととしており、こうしたプロセスや関係者の理解なしには、いかなる処分も行わず、多核種除去設備で処理した水は発電所敷地内のタンクに貯留いたします」とも明記していた。

10月23日の政府の「海洋放出案決定見送り」の報道も、汚染水問題の経過を洗い直し、東電の約束を無視できないと判断したためだったか。政府が責任を明確にして汚染水問題の解決を目指す——としたもう一つの公約も、責任者が誰なのか明らかにされぬまま宙に浮いている。

「東京電力福島第1原発の放射性物質トリチウムを含む処理水を巡り、政府は処分の実行に当たって『関係者の理解』を事実上の要件と位置付け、開始時期を当面明示しない方針とみられる。近く廃炉・汚染水対策関係閣僚等会議を開いて処分方法を海洋放出に決定するが、肝心の風評被害対策を含め不透明な要素を多く残すことになりそうだ」（10月25日の共同通信記事）。地元の死活問題になる「方針」の行方を、こうしてメディアの報道に委ねる姿勢は何なのか。

今野さんは、この問題で相馬双葉漁協の組合員の間に「かん口令が出ているんだ」と語った。「だが、それでは当事者の声が外に届かない。構わないから書いてくれ」と筆者に託した。処分方法の検討そのものが被災地の暮らしへの想像を欠く遠い世界で行われ、その最終方針も、被災地の声が聴かれぬまま決められようとしている。漁師たちはそれに抗議する。新地町の小野春雄さんは、10月24日、海洋放出をめぐる福島市内の市民集会に参加し、顔をさらしマイクを握り反対を訴えた。その後の筆者の取材に「当事者は俺たちだけではない。少しでも疑問を持つ人の声を集める時だ。被災地の復興の足を引っ張らない解決策は本当にないのか？　マスコミはそういう議論の場をつくってほしい」と訴えた。

「原発事故の溶解核燃料に触れた汚染水という特異性から、漁業者の風評再発の危惧と市民の不安、処分を内々急ぎたいような政府への不信感も生まれる。漁業者だけが『同意』を迫られるべき問題ではない」。試験操業の監督機関、福島県地域漁業復興協議会の委員を長年務め、被災地の浜を歩いてきた濱田武志・北海学園大教授（地域経済論）も筆者に語った。

「今後も廃炉汚染水対策について、国が前面に立って、取組を進めてまいります」。2018年4月14日の首相官邸HPでもこう責任を強調したのは安倍晋三前首相だった。後継の菅義偉首相は2020年10月26日の所信表明演説で「福島の復興なくして東北の復興なし」と歴代政権の看板公約を述べながら、国民に説明を尽くし責任を表明すべき海洋放出問題に一切触れなかった。菅首相はなぜ前面に立ってくれないのか、という漁業者の問いは放置され、宙に浮いたままだ。

あるいは、２０１３年の汚染水流失問題のさなか、安倍前首相が東京オリンピック招致の演説で世界に訴えた「アンダーコントロール」（汚染水など原発事故は完全に制御されている）との虚構の公約に縛られ、あくまで「問題は何もない」と、海洋放出問題においても貫き通したいのだろうか。

2020. 11.

終章に代えて

被災地をめぐる若者との対話
——早稲田大政経学部「メディアの世界」受講生への返信

バリケードが続くJR夜ノ森駅前の帰還困難区域＝2020年4月21日

東日本大震災が起きた２０１１年、被災地取材に明け暮れたさなかに、筆者は早稲田大学の講義に出向いた。政治経済学部の新講座「メディアの世界」（瀬川至朗教授）からの招きだった。ジャーナリストの仕事に夢を抱く受講生たちのまなざしは熱く、現地で何が起きているか、じかに語り伝えることに新たな使命を感じた。10年続いた講義の後は毎回、受講生の詳しい感想票の束を預かり、帰りの新幹線で読ませてもらった。感想票には、実情をもっと知りたい、震災報道に疑問がある、東京からつながりたい――など率直な言葉がつづられ、本章はそのうち16〜19年の感想票への返信を「対話」の形でまとめたものだ。時とともに大災害の記憶の「風化」は進む。被災地を取材してきた者もまた当事者の一人として、若い世代に語り継ぐ努力をしなければならない。筆者なりの試みである。

1　原発事故にメディアはどう向き合った

【2016年6月8日の講義「東日本大震災から5年　震災を風化させぬため～地元メディアの使命」から】

東日本大震災、福島第一原発事故から5年が過ぎたいま、被災地の現実は「復興」からあまりに遠いのではないか、どんな問題が山積しているのか、住民は何を背負い、迫られているのか？　そのような講義を真剣に聴いてくださり、ありがとうございます。皆さんの感想や問いへの答えを考えてみました。

5年の中で日本はどのように自然と付き合えるようになったのか、また何がこの2つの地震（東日本大震災と、16年4月14日に起きた熊本地震）では違っていたのか検証することは、この地震を風化させないだけでなく、日本に住む人々にどのようにすれば過去に起きた震災のような被害を生まずに済むのか、いかに復興というものが簡単ではないのか知らせることで今できることを見つけさせる良いきっかけを生めるのではないか。

しかし、東北の現状は決して日常には戻っていない。2013年9月の（安倍晋三首相の東京五輪招致演説での）アンダーコントロール発言はもはや被災地を冒涜したものに他ならなかったと私は思った。その後全国紙も復興等をスローガンに掲げ、東京五輪ムードに舵を切りつつある。あの

3・11を政府はもはや小さく見せようとし始めている。報道数の減少のデータもそれを裏付けるものであったと思う。今回の熊本地震も政府は何とかして小さく見せようとしている。ジャーナリズムは政府が小さく見せようとしている過去の震災に抗い、風化をさせてはならない。

阪神淡路大震災の発生が1995年、新潟中越地震が2004年、宮城岩手内陸地震が08年、東日本大震災が11年、そして今回の熊本地震が16年。日本列島では途方もない頻度で震災が起きています。震災が風化を拒否しているかのようです。政府の地震調査委員会は、「太平洋岸（関東～四国）で30年以内に震度6弱以上の確率が60～80％台」という評価を公表しました（16年6月10日）。

いったん震災が発生すれば、原発事故も危惧されます。被災地の住民にどんな事態が降りかかるのか、次に何が起きるのか、どんな問題、苦難が生まれるか、どんな選択を被災者は迫られるか、どう乗り越えたらいいか、どんな備えが必要か――。震災を先に体験した被災地のメディアはそれらを発信し続け、共有してもらう使命を背負います。原発事故による惨禍は、広島、長崎の原爆、沖縄戦などの犠牲と同様、忘却を許しません。「終わっていない」と私たちが言い続けるのは、「隠す」「小さくする」「繰り返す」側もいるからです。

「東京電力福島第1原発事故で、東電が当初『炉心溶融（メルトダウン）』が起きていることを公表しなかった問題を巡り、東電の第三者検証委員会は16日、検証結果を公表した。当時の清水正孝社長が『炉心溶融』の言葉を使わないよう指示し、使用を控えるべきだとの認識が社内で共有されたとした。事故を過小評価する『炉心損傷』との表現を続けた東電の隠蔽体質が改めて浮き彫りになった」

（16年6月17日の河北新報より）。

原発事故から5年を過ぎて、ほとぼりが冷めるのを待っていたように明るみに出た事実です。福島第一原発事故では、憶測を含むさまざまな情報や言説が飛び交い、あるいは知りたい正確な情報が伝えられず、被災地の内外の人々に不安や混乱を招きました。受講生のこんな感想があります。

僕自身は被災地の報道を滅多に読まないです。なぜなら、（報道の自由がある）日本であるにもかかわらず、国からの取材規制が多く、本当のことが分からないと思っていますから。

取材規制とは違いますが、本当のことが分からない、という受講生の疑問は、福島第一原発事故の当時、私も含めて大多数の人が抱いていたことでしょう。前述の「炉心溶融（メルトダウン）」をめぐる東電の隠ぺい発覚に先立つ２０１５年1月、私も参加したフォーリン・プレスセンター（東京）の討論会「来たる災害に備えて」で、原発事故の取材者たちからこんな発言がありました。

「（原発事故発生当時の取材で）メルトダウンは間違いないと思ったが、政府、東電がそれを肯定せず、そこから踏み込めなかった。私の反省点だ」（水野倫之NHK解説委員）、「隠している情報があるのではないかと当時、政府に問い続けた。人々のためにそれを見つけられるかどうかが、次の震災でも最大の課題であり続ける」（ラース・ニコライゼン・ドイツ通信社東京支局長）。

いまも被災地の復興を阻む「風評」の根も、政府や東電の「情報隠し」への疑念と不信にありました。それゆえ、「福島第一原発事故が未解明で、その教訓が他原発周辺の住民の避難対策にも生かされていないのに、政府はなぜ再稼働を急ぐのか？」という問題を含めて、記者は質問し続けなければなりません。

14年10月、金沢市で開かれたマスコミ倫理懇談会全国大会という研究会では、原発事故の「風評」がテーマになりました。NHK放送文化研究所の田中孝宣さんは、事故発生当時、NHKと民放キー局の報道量調査から、政府が放射能の影響について「直ちに健康に影響はない」「放射性物質が飛び散っている可能性は低い」と発表したのと同様に、国民への安心材料のコメントを流していた——と指摘。「放送する側としては、独自に取材をして（事実を）確認する手段が限られている中で、決まったところからしか情報を得られず（中略）テレビなどが不信感をもたれてしまった原因なのかなと思う。多様な情報源がない中で、逆に不正確な情報や流言が出てくる土壌になったのでは」と分析しました。

「政府も県も新聞、テレビも信用できない。『直ちに健康に影響はない』と聞かされていた間、村には（原発事故で拡散した）放射性物質が降っていた」。11年4月11日に突然、政府から全住民避難を指示され、大混乱となった福島県飯舘村の人々からは、そんな憤りを私は何度も聴きました。信頼できる情報源、「安心安全」の物差しを失った被災地の内外の人々は不安の中、暗中模索するほかありませんでした。われわれメディアもまた同じ経験を繰り返してはならぬ責任があり、人々からの信頼回復はいまだ途上なのです。

では、取材者はどんな姿勢で、まず誰と向き合わねばならなかったのでしょう。ある受講生はこう問います。

メディア側は「過熱取材」の問題を重視すべきだと思う。地域復興のためのメディア発信は大切だが、東日本大震災（と福島第一原発事故）以来、（多くの人は）放射能に怯えており、被災地は荒地のようになっている。そういう現実の前で、復興する立場でメディア側はどう発信すべきだろうか？

ジャーナリストの立場から見ると、報道を第一に考えるべきか、それとも被災者の立場を一位に考えるべきか。現場での取材では双方のバランスを取るべきなのでしょうか。

私は2002～03年、米国で地方紙発の新聞改革運動「シビック・ジャーナリズム」（地域の当事者につながり、その声から問題解決に取り組む報道）を調査しました。私が米国で出合った言葉があります。2001年9月11日、ニューヨークでの同時多発テロの後、運動のリーダーだったジェーン・シェファーが記者たちに語った「社会の枠組みを立て直すための10の助言」という講演録の一節を紹介します（寺島『シビック・ジャーナリズムの挑戦』より）。私の震災取材の原点にもなってきました。

「あなたの書く記事で、人々に、どんなに当たり前の、そして驚くべき行為をしたかを分からせなさい。事件現場の生存者を助けたり、行方不明者を捜したり、失った者を悲しんだり、というようなことを。そうやって、彼らが悲劇を乗り越える力を持っていることを知らせてあげなさい」

「事件で体験したことを人びとに語ってもらうためのスペースを提供しよう。彼らは、喜びや悲しみ、絶望や（それに打ち勝った）勝利の思いを、たくさんの人に分かち合ってもらおうと求めている」

「災難の現場の一歩外側に離れ、取材の利益を求めるのでなく、むしろ人々の苦悩を分かち合いたいと望んでいることを示しなさい」

「野次馬的な興味で取材することを自ら禁じなさい。市民が記者に望むのは興味の一べつではない。癒したり、建て直したり、障害を変えたりできる、あなたのコミュニティのそんな一人ひとりの力をたたえなさい」

報道の「客観性」をめぐる論議とも関わるテーマですが、「震災などの現場から何ができるか?」、そして被災地に「『寄り添う』とは何か?」への答えでもあると思います。

2　風評克服と復興へ何ができるか

【2017年6月6日の「メディアの世界」講義――「大震災、原発事故の被災地を取材し続ける」から】

「大震災、原発事故の被災地を取材し続ける」の題で講義をさせてもらいました。福島第一原発事故の被災地を取り上げ、「復興から遠く、何も終わっていない現実」を紹介しましたが、受講生の皆さんも現場の空気を追体験してくださったようです。気付いた点を記してみました。

（避難指示の解除後）現実には帰還する人が一握りだということを今回の授業を通して初めて知った。

ゴーストタウンのような街の写真を見た後で、「復興のための五輪を皆で盛り上げていこう」という気持ちにはなれない。

こうした多くの感想をいただきました。被災地にボランティアや現地視察で訪ねた方は実感されると思いますが、現地の町や村はほとんど無人の風景です。避難指示解除後の福島県浪江町を訪ねた、ある受講生は次のように書いています。

報道では多くの人が集まった浪江駅を映し出していた。しかし、（現地で見た）電車の乗客は２人だけで（中略）人の生活が戻っているといえる状況でなかった。

私が問題意識を抱くのは、この落差の「なぜ？」です。受講生たちからも、現実の避難者の困惑する心情まで慮ってのコメントがありました。

商店街も牧草地、田んぼなどが戻っていない、仕事もなければ医療機関もない、と聞いて納得した。

いまさら元の産業や仕事がなくなってしまった街にわざわざ戻ろうとする必要性がなくなったか

らでは。

見せかけの復興になっている。

放射性物質による汚染廃棄物の処理も追いつかず、（黒いフレコンバッグの山が）放置されている状態では帰還は困難。

身体的に安心できない、かつ未来の発展も保証できない福島へ帰還するより、断然他の都市で仕事を探し、家を作る方が得策だろう。


それでは、「復興」と呼べるには何が必要なのか？――という問いを授業で皆さんに投げ掛け、その答えも考えていただきました。


原発やがれきの処理が終わり、道路など交通インフラが再整備されれば復興するのか？

福島に帰った人が1人いたとしても復興と言えない。

現地のコミュニティーが復活してこそ、と思う。

インフラなどの設備と違い、人や絆はお金が生み出すものではない。

やはり生きていく上で必要なのは、助け合える隣人。

人間は1人では生きられない存在である。


苦しい状況であればこそ、それらは真実であると思います。そして、被災地では農水産業が地域社会の土台でした。田んぼは除染されても、その後に残ったのは風評や震災前の市場の喪失といった「二次被災」です。その面にも思いをはせていただけました。


福島の米を純粋に喜んで買う人はいない。

福島県産のお米は売れないので、外食やコンビニ弁当、北海道産のお米と混ぜて販売すると聞いて、復興（への障害）は終わることがないと実感した。

風評被害によって福島の米が売れなくなる。そして安価に買われたり、家畜の餌になる構造ができてしまっている。

皆は頑張って土づくりをしてきたのに、ほとんど何もなくなった。


そうした現実への失望もありましょう。その原因たる「風評」という雲のようなバリアの実体も、私が模索してきたものです。受講生はどう考えたでしょう。


問題を我が事として教えてくれる被災地出身の友人もいない多くの人は、（福島でコメの）全袋検査をしていることを知らない。知り得ない。だから買わない。

皆、頭では安全であると分かっていても、（放射能の）イメージを取り払うことが非常に難しい。

自分の体を守ることが第一で買うことに抵抗がある。

それは福島の人が悪いわけでなく、科学者への信頼、それを報道するメディアを人々は常に疑っているため。

では、風評克服のために何を変えなくてはいけないのか？　「福島の復興なくして日本の復興なし」などと打ち上げた政府の現実の姿勢にも、受講生は原因を求めました。

政府と被災地域の人々との間に、復興に対する考え方の溝が存在することを感じた。見せかけだけの復興は、霞ヶ関の机上だけで一律に決められる基準に基づいている。政府は「人々が再び集うには何が必要か？」という問いに正面から答えようとしていない。このような状況で政府は手を引き、後は自己責任と言わんばかりの対応をしていることに怒りを覚えた。

国の政策と被災地の現状にはギャップがあるということをまず、多くの人に知ってもらう必要がある。

国は工程ありきで、（被災地の問題の）根本を解決しようという姿勢を見せない。国もどこかで被災地を重荷だと思っていて、早く片付けてしまいたかったのではないかと思わざるを得ない。

そんな政治の側の本音が現れたと言えるのが、今村雅弘復興相（当時）の一連の暴言でした。17年4月25日に派閥のパーティーで講演し、東日本大震災が「これは、まだ東北で、あっちの方だったから良かった。もっと首都圏に近かったりすると、莫大な甚大な被害があったと思う」と発言しました(今村氏は指摘を受け撤回したが更迭)。講義でも取り上げたこの発言に対し、さまざまな意見が集まりました。

福島の人々がこれまでの生活を捨て、福島ブランドというプライドを失い、生きがいをなくしてきた悲しみの中で、今村前復興相の発言がどれほど問題だったたか。あらためて日本の東京至上主義に気づいた。

東日本大震災の報道が年々減少し、「復興五輪」や今村発言に象徴されるように、被災地の実態が国民全体に共有されていない。

東北の地方紙は今なお当事者として取材を続けている。しかし、(3月11日の)記念日報道という言葉にある通り、全国紙やキー局では既に過去の出来事になりつつある。

その上で「メディア」は何を為すべきか？――を、受講生たちは提案してくれました。これらの模索の中に、政治とも対峙し発言するジャーナリストの姿が浮かんできます。

国の政策と被災地の現状にはギャップがあることを、まずは多くの人に知ってもらう必要がある。社会に問題提起していくことだ。

国が復興五輪を掲げているが、復興が進んでいない現状でそれは正しいのか。挙国一致的なイベントに疑問を投げかけることもメディアの仕事ではないか。

メディアの役割として「非権力側の声を表出する」というものもあるのだと気づいた。政府や世論は、復興というフレームに適合しない現実を現実として受け止めていない。「復興」の一言で抽象化してはいけない。

(ジャーナリスト安田純平さんのシリア報道と比較し) 現地の声を大勢に届け、社会変革をすることが報道の役割の一端であるならば、東北やシリアの人々をもっと取り上げるべきではないか。

権力者への厳しい目線と、弱者への想像力。この2つを併せ持つのが真のジャーナリストなのだろう。

3 事実を学び「自分事」としよう

【2018年6月19日の「メディアの世界」講義――「東日本大震災・被災地に寄り添う報道」から】

「危険なレベルじゃないから大丈夫。爆発じゃないし、放射線漏れてもないよ」と繰り返しの報道。爆発した映像すら隠そうとする。不安で仕方がない私たちはそれをすがるように信じていました。しかしSNSやネットを通じて入ってくる、危険であるという現実。そして県外へ逃げて行ってしまう友達。あの日から、私にとっての福島は変わってしまった。そして戻ってくることはないです。

２０１１年3月11日の東日本大震災の津波、それに続いた東京電力福島第一原発事故。私と同じ福島出身の受講生はこう振り返りました。「直ちに体や健康に影響を及ぼす数値ではない」と当時の政府は発表し、東京発のテレビも流し続けた現実がありました。まだ日常にネットが普及していなかった被災地はほかに頼る情報がなく、その後の異常な放射能のニュース、後手に回った政府の避難指示が地元を大混乱させ、「安心・安全」の物差しを喪失させました。自己防衛するほかなくなった被災地内外の人々に政府と放射能をめぐる情報への不信が広がり、いまも消えぬ「風評」の根もここにあります。

「相馬市出身である自分には、東日本大震災を追い続けることが人生における仕事になった、そういう運命であった」という寺島さんの言葉に、まず心を止めた。ジャーナリストとして何を考え、何を伝えていくのかの点で情熱を持ち、本心で知りたい・伝えたいと思うことが、その（報道の）クオリティに繋がるのではないか。

受講生にはジャーナリスト志望者が多いと思います。現場取材を経験する中で、否応なく人と出会い、事件・事故や災害と遭遇します。話を聴き、調べる中で自らの視点やテーマ、伝えねばならないという使命感が生まれます。新聞記者生活の最後の7年間、私が巻き込まれ、向き合ったのが大震災。とりわけ原発事故は古里が被災地になり、「同胞のために何ができるか」が問われた出来事です。原発事故は、廃炉や汚染水、風評の問題、何よりも復興をめぐる問題が今も山積し、私自身も新聞、ブログや多様な媒体で発信し続け、本を出しても終わらない、定年もない「人生の仕事、役目」になりました。それが、ジャーナリスト個々の存在理由かと思います。

震災の報道では、「悲劇」がただ感情的に「悲劇」として描かれ、そこから事実や教訓を「自分事」化させられるまでの力がなかったように感じます。このようななんとなくの感覚だけを植え付けるような報道のせいで、「恐怖感」だけが植え付けられたことが風評被害にもつながった。その点では、震災に限らず報道が（当事者にも読者にも）「寄り添う」ことが大切であると思いました。

大災害などの現場で、取材者はまず大規模な破壊や人命喪失といった「悲劇」を目の当たりにします。それが第一報、続報になりますが、東日本大震災では、ニュース番組のために「悲劇」を探すような取材のありようや、「都合よく話を切り取られた」「最初からストーリーをつくってきた」という被災者の訴えを見聞きしました。視聴者、読者が「物語」を求めている――という言い分もあるのでしょうか。問題は報道被害だけでなく、受講生が指摘するように本当に伝えられるべき事実や、「自分事」として共有されるべき教訓がぼやけてしまうこと。ある受講生はこんな指摘もしています。

大阪の地震でも、ブロック塀が倒れ犠牲になった少女の同級生に「どんな子だった？」などのインタビューをする報道が（中略）「いい子が亡くなってかわいそうだ」というメッセージしか発信しておらず、ブロック塀に関する建築の規制の問題や危険性という本来この少女の死から伝わっていくべきメッセージと離れている。

日々のニュースから感じる疑問をヒントに考えましょう。

風評により作られた悪いイメージはなかなか消えないということがよく分かりました。一度はボランティアに参加することも考えました。しかし祖母の大反対が確実にあるのでやめました。「福島産のものは怖いから買わない」といまだに頑なに言い続けています。しかしそんな祖母もたまにファミレスには行くので、きっと福島産のお米も知らずに食べているでしょうね。沖縄の米軍基地の記者の方のお話とも少し共通する部分があるなと感じました。東京に住む人々とあまりに心の距離が離れているために、情報が正しく伝わらないことを心苦しく思います。

最初に植え付けられた強烈な印象は、続くさまざまな事象が日々のニュースの中で取り上げられ忘れられてゆく中で、固定した観念として残ります。「恐怖」「不信」「痛み」が絡めばなおさら。前述したように、政府や東電、公的機関の発表する数値や検査結果も今なお人々の信頼は得られにくく、例えば福島県が毎秋実施する県産新米の全袋検査で3年続けて「基準値超え」ゼロの結果でも、福島のコメは匿名の「国産米」「業務米」「飼料米」で流通している現状があります。「買わない」消費者が1人でもいれば「売れない」という流通側の暗黙の合意めいた空気が「構造」をつくっています。

会津若松への修学旅行が激減し、回復しない状況も同様ですね。

震災から数年がたった「今」現在、社会の中に望まない形で取り込まれ抜け出すことのできなくなっている福島のコメのような例をきちんと取り上げるべきである。震災から数年がたった後の震災に関する報道は、震災当時で時計の針を止めた形でなく、「今」に注目した形であるべきであると思った。

別の受講生はこう指摘します。しかし、東京のキー局の東日本大震災関連ニュースが「記念日報道」化している現状は、講義でお見せした（NHK放送文化研究所の）調査データからもうかがえます。全国で日々起きる新たな事件や災害に、報道も視聴者、読者の目も移っていきます。そこで地元から発信し続ける役目を担うのが、当事者の一員でもある地域メディアです。例えば河北新報には、震災、原発事故のニュースが絶えることがありません。何年経とうが、復興いまだ遠い被災地にのしかかる問題、人々の苦しみ喜びや挑戦が「いま」の〝on-going〟なニュースだからです。

福島のコメでも魚でも、生産者が風評払拭へどんな努力をし、厳しい検査体制を自らに課し、外に売り込む交流に乗り出し、消費者がどう受け止めているか――すべてが私たちの伝えているニュースです。

必要なのは、場外にいる人たちを場内に取り込むことだろう（もちろん、〝物理的に〟被災地に連れて行くという意味ではない）。場外の人たち（の暮らしや生き方）に活かすための報道という理念は社会全体の幸福を実現し、失った人々の無念を果たす手助けをすることができるため、とても素晴らしいと思う。だからこそ、振り向かせ、見させる手段を考えなければならない。

講義で、私が「昔からの地方の販売エリアを超え、ホームランを打つように遠くへ発信していくことが、東日本大震災の後、地元メディアの使命になった」と述べたことに、このように提案してくれた受講生がいます。私は以前、米国で「シビック・ジャーナリズム」という新聞改革の運動を調査し、「新聞は人と人のつながりをつくる仕事である」（Newspaper is connection-making business）という実践者たちの言葉を聴きました。被災地の内と外をつなぎ、人のつながりを手助けし、被災地の真実をリアルタイムの実感をもって分かち合ってくれる応援者を一人でも多く増やす試みを、地道に続けることです。

新聞の写真やテレビの映像では分からなかった生の被災地の現状と復興を目の当たりにしました。閖上ではレストランが集まったセンターが新しくでき、その中で震災ボランティアの方が映像で名取川を遡上する津波の様子を紹介していました。

ゼミの視察で宮城県の津波被災地を訪ねたという受講生がこう書いてくれました。皆さんも学生時代にぜひ、自分の目で事実を確かめる体験をしてほしいと願います。津波で児童74人と教職員10人が亡くなった石巻市の大川小学校も訪ねたそうです。

大川小の子供たちが避難した小高い三角地帯と校庭の裏山、流された体育館も間近で見学し、情報が錯そうする中で正しい決断が果たして自分はできるかということも自問自答しました。

講義では、「なぜ、子どもたちの命が失われたか」の事実解明を求め、大川小児童の遺族たちが石巻市と宮城県を相手に訴えた仙台高裁の判決（18年4月26日）についても紹介しました。「学校が事前に高台の避難先を決めておけば、事故を回避できた」と危機管理マニュアルの不備に原因を求め、「ハザードマップ」依存の防災の在り方も否定し、学校は住民と意見交換で「津波は来ない」という認識を改めて避難の場所や方法を事前に調整しておくべきだったと厳しく戒めました。学校の住民との話し合いや日頃の密な交流もほとんど途切れていたと報じられ、地域とのつながりを防災に生かせませんでした（第3章6「大川小の『止まった刻』」参照）。

もっと怖いのは、（東京の）都心で同様のことが起きた場合です。地域との結びつきが弱い都心では、どう話し合っていけばよいのでしょうか。東日本大震災や大阪での地震によって、自身の危機管理の低さに気づかされます。私は現在ゴルフ部に所属しており、毎日学生だけで練習を行っています。もし大きな地震が来たら、最上級生として後輩を守る義務があります。実際に大きな揺れが来たらどこへ逃げるのか「想定外のことが起きた場合」も含め、同期と話し合うことにしました。

事前の準備で防げる被害があるなら、とことん準備すべきだと思います。

阪神淡路大震災、中越地震、東日本大震災、熊本地震、大阪北部地震……。日本列島では大規模な地震災害が数年おきに起きています。将来予測される南海トラフ巨大地震など、「次」への備えを、皆さんは現実として自覚されているでしょうか。狭い日本では、原発事故も震災とセットで発生しうると考えておかねばなりません。大切なのはこの受講生のように、被災地の痛ましい事実を見つめ、教訓を我が事として防災に生かそうと考えてくださること。だからこそ、風化させてはならず、忘れてはならず、震災や原発事故が起きたらどうなるのか、どう行動したらよいのか、学んでほしいのです。被災者たちの言葉に耳を傾け、現実をカメラに収め、伝え手になって、皆さん自身が、現場から発信するメディアになれるのです。

4　ローカルジャーナリストの役目

【2019年5月21日の「メディアの世界」講義──「被災地と共に～当事者とつながる取材とは」から】

「被災地と共に～当事者とつながる取材とは」の題で講義をさせてもらい、皆さんの感想票を拝読しました。その返信です。河北新報記者を卒業し、東日本大震災・原発事故の被災地となった古里・東北で始めた「ローカルジャーナリスト」の活動と視点を講義で紹介しました。まだ聞きなれないかもしれないローカルジャーナリストの存在意味と役目について、大勢の方が共感を述べてくださったこと、ありがとうございます。

「自分のできることは、『目にした風景、出会った人の言葉や状況、その場の匂いや音や色、それらを削ることなく記録し、伝えること。そして、同胞たちの声の発信を手助けすること』。そんな真っ白な使命感のようなものでした。何も終わらない被災地の人々の闘いや痛み、新たな問題も生まれてくる現実を、当事者の声を通して発信し、応援してくれる人を東北へとつなぐこと。古里と生業を、家族や仲間との暮らしを、懐かしい未来を共に模索してくれる人々をつなぐこと。それが思いになりました」

私が開設したHP「人と人をつなぐラボ　福島、東北の被災地のいまを伝えたい」の冒頭に書いた一節です。河北新報の記者時代、震災取材の渦中で被災地発の連載やブログ「余震の中で新聞を作る」を書き続け、当事者たちと縁を重ねたことの延長線上で、同じ地域にいて、いつでも声の発信の手助けをする「ローカルジャーナリスト」を目指しました（島根県で活動するローカルジャーナリスト、田中輝美さん〔元山陰中央新報記者〕が後押ししてくれました）。

「誰がジャーナリストか、という設問は間違いだ。ジャーナリズムは誰がそれをやるか、どのメディアや企業がそれを伝えるかで定義されるものではない。

ジャーナリズムというものがあるのではない。それは行為だ。情報を伝えるという行為がジャーナリズムなのだ。それは名詞ではなく、動詞だ」

ニューヨーク市立大学教授ジェフ・ジャービス氏のこんな言葉を、講義で紹介させてもらいました。

私がとても共感した言葉です。さまざまな現場に出合い、立ち合い、事実や人の思いを知った人が「伝えねばならない」使命を感じ、当事者の声の発信を手助けしようとする時、あらゆる場所に「人と人をつなぐ」ジャーナリズムは生まれます。いま、そこにいるあなたにこそ「ローカルジャーナリスト」となる可能性も理由もあるのです――。そう投げ掛けた言葉に、ある受講生が返してくれました。

被災地を取材するということは、被災者にとってメディアは「嫌な記憶をフラッシュバックさせるもの」ではないかと私は感じていた。テレビ、新聞、ラジオ、Ｗｅｂニュース、など何人もの記者が詳しく取材することで、心の傷を深掘りさせているのではないかと考えたからだ。しかし、寺島さんは実際に被災地に通い続けることで被災者に寄り添い、何かを求めている、訴えているときにそばにいる存在であった。「被災者と何回も会い、本当の気持ちを考え、事実を伝える」記者、ジャーナリストが増えて欲しい。

地方での災害は都市部での災害に比べ報道が少ない、という問題が西日本の豪雨の際にネットで目にしました。東京のテレビ放送は東京に住んでいる人向けであるということもあると思いますが、報道は全国どこの出来事でも同じ量行われるべきだと思う。

ジャーナリストには冷たい響きもありますが、実際一番大切なことは、どんな時も〝信頼〟。情報は人から生まれるものであり、人からもらうものであり、人に伝えるものだ。ジャーナリストは、人と人を優しい気持ちというか優しいカタチで繋がなければいけない、とてもとても難しく使命感のある仕事なのだと知りました。

講義では、被災地でさまざまな「報道被害」があったことも知ってもらいました。遠くから来て、締め切りに追われながら衝撃や悲劇のニュースを探し、当事者との約束を破って放映し、癒えることのない深い傷を心に負わせ、抗議を受ければ半ば逃げ、取り返しのつかない不信を後に残す――。東日本大震災の被災者たちから私が直に聴いた現実です。「ニュースのストーリーを東京でつくってきて、最後の数行の『』に嵌めるために私のコメントを聞き、切り取った」といった訴えもぶつけられました。いったい誰のためのニュースなのか、当事者の語った「事実」はどこに行ってしまうのか。

メディア（Media）の本義は"Medium"、訳せば「間に介在して、つなぐ存在」です（あの世とこの世をつなぐ恐山のイタコのような人々も"Medium"）。現場で出会った当事者と遠方の他者との間にいて、そこで記録した事実、発せられた声の意味を100％、誤解を生まぬように他者に伝えるのが役目です。当事者の思いを、自分の記事のために利用したり、思い込みで曲げたりしては失格。優先すべきは締め切りでもありません。それがメディアの本義というもの、ジャーナリストであろうとする者の責務なのです。取材して原稿を書いた後、私は必ず当事者に事実関係を確認させてもらい、「あなたの話してくれたこと、あなたのその時の思いは伝わりますか？」と尋ねます。そして、それがいつ、どんなメディアに掲載されるか、そして、確かに掲載されたことも伝えます。取材させてもらった当事者が、第一読者、第一視聴者でもあることを忘れてはいけません。

そして、取材はそれで終わりでなく、当事者との信頼関係づくりの始まりにすぎません。取材されることは普通の人にとって人生に何度もないことかもしれません。どんな形で報じられるか不安で、信用できる取材者であるようにと願います。その期待を裏切ってはいけません。そうして世に出た記事を目にして初めて安堵でき、「この人なら、もっと本心の話を聴いてもらいたい」という信頼が生まれます。そこから取材先へ通うようになれば、つながりが育ちます。境遇や心境、地元の状況が何か変わったと聞けば、そこから「続報」も生まれます。私自身にとっても、そうして重ねた取材の縁が被災地の南北に増え、数えきれぬ続報や連載になり、新聞、ブログからウェブマガジンに発信の舞台は変わっても途切れず、いまのローカルジャーナリストの仕事に続いています。大震災、原発事故の被災地の人の心と暮らし、風景からいまだ復興は遠く、その役目に終わりはないのだと思います。

『被災地のジャーナリズム』に寄せて

被災者の息づかいを伝える伴走者

本書は、東日本大震災とそれに伴う福島第一原発事故を、常に被災者の目線で取材してきた元河北新報記者でローカルジャーナリストの寺島英弥氏の震災・原発事故に関しての7作目となる作品である。

これまで『悲から生をつむぐ――「河北新報」編集委員の震災記録300日』（講談社）を始め、『東日本大震災　希望の種をまく人びと』『海よ里よ、いつの日に還る――東日本大震災3年目の記録』『東日本大震災4年目の記録　風評の厚き壁を前に――降り積もる難題と被災地の知られざる苦闘』『東日本大震災　何も終わらない福島の5年　飯舘・南相馬から』『福島第1原発事故7年　避難指示解除後を生きる』（以上、明石書店）と寺島氏は震災・原発事故の被災者をルポし続けてきた。

寺島氏のルポの特徴は、取材を一度で終わらせることなく、取材相手との信頼関係を結び、取材相手と交流を続けながら、取材相手の現状を伝える点にある。これは寺島氏が米国で学び、提唱してきたシビック・ジャーナリズム（パブリック・ジャーナリズム）そのものであり、本書もその精神を引き継いでいる。シビック・ジャーナリズムについては本書第1章に詳しく書かれているので、ここではまず私と寺島氏との出会いから紹介したい。

私は2011年度に早稲田大学政経学部で「メディアの世界」という朝日新聞の寄付講座を、同大学の瀬川至朗教授と一緒に立ち上げた。この講座はオムニバス方式で、新聞、テレビ、雑誌、インターネット、広告などの第一線の方を毎回講師に招き、学生にメディアの現状を理解してもらい、メディアリテラシーを身につけてもらうとともに、できれば1人でも多くの学生がメディアを目指してもらいたいという目的で開設した。

前年の2010年暮れ、私は講師選びに奔走していた。その中で、どうしても地方紙を語れる講師が欲しいと思って探していたところ、寺島氏の存在を知った。寺島氏は『シビック・ジャーナリズムの挑戦――コミュニティとつながる米国の地方紙』（日本評論社）という本を出版していて、当時既にマスメディア業界ではシビック・ジャーナリズムの第一人者だった。そこで寺島氏に連絡を取り、講師を依頼すると快く受けてくれた。

ところが、3カ月後の2011年3月11日、東日本大震災が起きてしまった。私自身、社会部のデスクに応援で入り、連日紙面作りに携わった。東京・西早稲田にある早稲田大学も一部の校舎の壁が抜けるなどの被害に遭い、被災地出身の学生もいることなどから新年度の講義開始を1カ月遅らせ5月からとした。

東京でもこんな状態だったのだから、被災地の新聞となった河北新報の寺島氏の忙しさは尋常ではなかったはずだ。実際、寺島氏は新聞だけでなく、インターネットのブログでも被災地の状況を書き続けていた。それでも早稲田での講義について連絡すると、「7月ならなんとか行ける」と講座の最終盤に駆けつけてくれ、講義では多くの写真とともに生々しい現地の様子を学生に伝えてくれた。この講義を聴きながら、寺島氏は自ら提唱していたシビック・ジャーナリズムを被災地で実践しているのだと感じた。

これが縁で寺島氏との交流が始まった。私は、学生には尊敬できるジャーナリストが必要だと感じ、「メディアの世界」で私が担当した年は毎回、寺島氏に講師をお願いした。被災地で真摯に取材を続ける寺島氏の姿に感銘を受けた学生は多く、この講座を取った学生の中には、その後、新聞社やテレビ局に就職した学生もいた。寺島氏がいた河北新報の記者になった学生もいた。

*

寺島氏の取材方法は取材相手からの徹底した聞き取りだ。寺島氏は「被災者の取材をしていると取材ノート一冊をすぐに使い切ってしまう」と言う。まず、被災者が震災前、どんな生活をしていたかを聞き、震災のときにどこで何をしていたか、家族はどうだったかを聞く。そして、避難所での生活や亡くなった人や行方不明者捜しのこと、仮設住宅での暮らしや、今後どうしたいかを聞いていく。質問は相手を思いやりながら問いかけ、相手の言葉を待つ。だから、取材時間は数時間に及び、ノートは取材メモで埋まってしまう。その後も、何度も会いにいき、預金通帳まで見せてもらえる関係を築く。こうした徹底しながらも相手を思いやる取材で被災地の現実を浮かび上がらせてきた。

これまでのルポで印象に残っているのは本書第1章でも登場した、福島県飯舘村で民宿を経営していた佐野ハツノさんだ。ハツノさんに関しては『東日本大震災　何も終わらない福島の5年　飯舘・南相馬から』に詳しい。

ハツノさんは若いころ、「若妻の翼」という飯舘村の企画で旧西ドイツを訪れる機会をもらった。ハツノさんが西ドイツで感じたのは生き生きとした女性たちの姿だった。村に戻ると、女性も社会のために尽力したいと、村で初の農業委員となり、農業委員会会長として国会でも意見を述べる経験もした。

そんなハツノさん家族にも震災は襲ってきた。福島第一原発の放射能被害でふるさとの飯舘村を離れざるを得なくなり、仮設住宅での生活を強いられた。ハツノさんはこの間、病気にもなり、3度も手術を受けた。ハツノさんの望みは飯舘村に戻って民宿を再開することだった。しかし、寺島氏の取材に「諦めた」と本音を漏らした。読者は、寺島氏の取材を通じてハツノさんを知り、ハツノさんが元気になり、希望が叶うことを祈りながら読み終える。

ハツノさんのその後は、次の作品である『福島第1原発事故7年　避難指示解除後を生きる』のままえがきで知ることになる。ハツノさんは結局、ようやく帰還できた夏に亡くなった。

ここに書かれた震災・原発事故は、死者数や避難者数などの数字では分からない現実だ。ハツノさんという女性の生きざまを通じ、被災地の姿を実感させてくれる。

寺島氏の筆は止まらない。原発事故での避難指示解除でふるさとに帰るか、帰らないかを苦悩する人々。原発事故での排水「トリチウム水」の海洋放出問題に反対するも、海洋放出が既成事実化されていくことにやりきれない思いの漁師。福島の米の復活にかけて努力するが、「福島産」では売れないと言われ、業務用の米として買いたたかれてしまう農家。ＷＴＯで韓国に敗訴し、大消費地だった韓国の禁輸解除が遠のいてしまった宮城県産「ホヤ」の漁師の先の見えない不安。寺島氏は新潮社のニュースサイト「Foresight」や、朝日新聞のメディア誌で、私が編集長を務めていた月刊誌『Journalism』で発表を続けた。寺島氏はまるで被災者の伴走者のように苦しみ悩む人々とともに歩み、そこで生活を営む人々の息づかいを伝え続けている。

＊

最後に、寺島氏の人柄について書き添えておきたい。かつて司馬遼太郎が、『サイゴンから来た妻と娘』（文春文庫）などのルポで知られたジャーナリストの近藤紘一の葬儀で弔辞を読んだ際、司馬は近藤を「天はまれに、愛の多量な人を生みます。むかしユダヤの地のナザレの村に生まれたイエスという若者も、そういう人であったと思います」（『目撃者　近藤紘一』文藝春秋社）と表現した。

私はずっと、「もしイエスが現代にいたら、きっと寺島さんのような人だったに違いない」と思ってきた。

新聞記者の仕事とは常に速報を求められ、特ダネを求められる。生き馬の目を抜く世界で、そこには新聞記者独特の欲やいやらしさがある。司馬は弔辞の中でそれを「競争心、功名心、そして雷同性という卑しむべき三つの悪しき、そして必要とさせる職業上の徳目」（同）とし、近藤については「（この三つの徳目を）持たずして、しかも君は、記念碑的な、あるいは英雄的な記者として存在していました。それは、稀有なことでした」（同）と評した。

寺島氏は競争心や功名心をまったく持ち合わせていない。雷同性とも無縁である。普段の寺島氏は柔和で、相手を包み込むようなやさしさにあふれている。被災者のような傷ついた取材相手にも普段と変わらない態度で接し、被災者の幸せを一番に考えている。

そうでありながら、出来上がったルポは記念碑的、英雄的な作品になっている。これは現在の読者だけのものではなく、未来の読者にとっても貴重な記録であり、やがて歴史となるだろう。東日本大震災及び福島第一原発事故の被災地に、寺島英弥というジャーナリストがいてくれたことに感謝したい。

朝日新聞教育総合本部　教育コーディネーター　岡田　力

初出一覧

第1章　被災地の風景の中で――他者の壁を越えてつながる　書き下ろし

第2章　被災地10年の変容を追って　2013. 8.-2020. 3.

「アベノミクスの狂乱の影で、置き去りにされる東北の被災地」『世界』２０１３年8月号

「どう乗り越えるか、風化と風評　マスコミ倫理懇談会全国大会で見えてきた課題」『Journalism』２０１５年12月号

（一部改題）

「現実の遠い彼方にある幻夢　東北の被災地からみた〝復興五輪〟」『世界』２０１６年2月号

「『復興加速』と真逆の風景広がる　被災地に遅発性ＰＴＳＤ多発の懸念も」『Journalism』２０１６年11月号

「『町おこし』でなく『町残し』　避難解除とは何だったか」『Journalism』２０１７年11月号

「トリチウム水に懸念深まる福島　解決の責任を国は果たすべきだ」『Journalism』２０１９年3月号

「ホヤ輸出、希望絶たれた被災地　韓国にＷＴＯ敗訴、政府は責任を」『Journalism』２０１９年6月号

「10月に2度の記録的豪雨水害　東北の被災地報道に見えた『光と影』」『Journalism』２０１９年12月号

「被災者に寄り添い続けるには　共感保ち『つなぎびと』たれ」『Journalism』２０２０年3月号

第3章　震災取材者からの視点

「ブログは新聞の発信力を強める――風評、風化の「見えない壁」の向こうにつながりを求め」『新聞研究』No.732、２０１２年7月

「被災地で取材者はどう変わったか？　当事者との間の『壁』を越えるには」『Journalism』２０１４年1月号

「『自殺』から『自死』へ　当事者取材の現場で知る言葉の違いの意味」『Journalism』２０１４年12月号

「被災地で聞かれぬ言葉、当事者の言葉」『復興』15号（Vol.7 No.3）、２０１６年3月

「沖縄と原発事故に重なる中央の周縁視　現場の声と事実を伝える地元紙の使命」『Journalism』２０１７年3月号
「大川小の『止まった刻』　8年目の検証、そして判決」『Journalism』２０１８年6月号
「県民を守り感染者も守る　岩手県知事の訴えの意味」『Journalism』２０２０年9月号

第4章　ルポルタージュ　被災地のいま　2020.1-11.
「原発事故10年目の『福島県飯舘村』――篤農家が苦闘する『土の復興』はいま」『新潮社 Foresight』２０２０年1月30日
「丸9年の『3・11』――変貌する古里『飯舘村長泥』のいま」『新潮社 Foresight』２０２０年3月11日
「『新型コロナ禍』で閉ざされた『交流』――福島被災地の『模索』と『きざし』」『新潮社 Foresight』２０２０年5月16日
「『コロナ禍』に『貝毒』――三陸『ホヤ漁師』、先の見えない『深い霧』に苦悩」『新潮社 Foresight』２０２０年6月20日（一部改題）
「幾たびの苦難に屈せぬ南三陸町『震災語り部』ホテル（上）――休まぬ『地域のライフライン』」『新潮社 Foresight』２０２０年8月14日（一部改題）
「幾たびの苦難に屈せぬ南三陸町『震災語り部』ホテル（下）――津波と命を『伝承する』使命」『新潮社 Foresight』２０２０年8月14日（一部改題）
「汚染水『海洋放出』――政府方針で置き去りにされる『福島・相馬』漁師たちの怒り」『新潮社 Foresight』２０２０年11月30日

終章に代えて
「被災地をめぐる若者との対話――早稲田大政経学部『メディアの世界』受講生への返信」　書き下ろし

【著者紹介】

寺島英弥（てらしま・ひでや）

ローカルジャーナリスト、尚絅学院大客員教授

1957年、福島県相馬市生れ。早稲田大学法学部卒。河北新報社編集委員、論説委員を経て2019年から現職。02～03年にフルブライト留学で渡米。東北の暮らし、農漁業、歴史などの連載企画を長く担当し、「こころの伏流水北の祈り」（新聞協会賞）、「オリザの環」（同）などに携わる。11年3月以来、東日本大震災、福島第一原発事故を取材。朝日新聞社『Journalism』、新潮社「Foresight」に被災地をめぐる論考、ルポを執筆中。ホームページ「人と人をつなぐラボ」http://terashimahideya.com/

著書に『シビック・ジャーナリズムの挑戦――コミュニティとつながる米国の地方紙』（日本評論社）、『地域メディアが地域を変える』（共著、日本経済評論社）、『東日本大震災　希望の種をまく人びと』『海よ里よ、いつの日に還る――東日本大震災3年目の記録』『東日本大震災4年目の記録　風評の厚き壁を前に――降り積もる難題と被災地の知られざる苦闘』『東日本大震災何も終わらない福島の5年　飯舘・南相馬から』『福島第1原発事故7年避難指示解除後を生きる――古里なお遠く、心いまだ癒えず』（以上、明石書店）、『悲から生をつむぐ――「河北新報」編集委員の震災記録300日』（講談社）がある。

被災地のジャーナリズム
――東日本大震災10年 「寄り添う」の意味を求めて

2021年2月28日 初版第1刷発行

著者 寺島 英弥
発行者 大江 道雅
発行所 株式会社 明石書店
〒101–0021 東京都千代田区外神田6-9-5
電話 03（5818）1171
FAX 03（5818）1174
振替 00100-7-24505
https://www.akashi.co.jp/
装幀 明石書店デザイン室
印刷／製本 日経印刷株式会社

（定価はカバーに表示してあります） ISBN978-4-7503-5156-8

福島第1原発事故7年 避難指示解除後を生きる
古里なお遠く、心いまだ癒えず
寺島英弥著 ◎2000円

東日本大震災 何も終わらない福島の5年 飯舘・南相馬から
寺島英弥著 ◎2200円

東日本大震災4年目の記録 風評の厚き壁を前に
降り積もる難題と被災地の知られざる苦闘
寺島英弥著 ◎1800円

海よ里よ、いつの日に還る 東日本大震災3年目の記録
寺島英弥著 ◎1800円

東日本大震災 希望の種をまく人びと
寺島英弥著 ◎1800円

理念なき復興 岩手県大槌町の現場から見た日本
東野真和著 ◎2200円

木にたずねよ
和合亮一著 ◎1600円

私とあなた ここに生まれて
和合亮一著 佐藤秀昭写真 ◎1300円

希望の大槌 逆境から発想する町
碇川豊著 ◎1600円

教育を紡ぐ 大槌町 震災から新たな学校創造への歩み
山下英三郎、大槌町教育委員会編著 ◎2200円

東日本大震災 教職員が語る子ども・いのち・未来
あの日、学校はどう判断し、行動したか
宮城県教職員組合編 ◎2200円

崩れた原発「経済神話」 柏崎刈羽原発から再稼働を問う
新潟日報社原発問題特別取材班著 ◎2000円

新版 原子力公害 人類の未来を脅かす核汚染と科学者の倫理・社会的責任
ジョン・W・ゴフマン、アーサー・R・タンプリン著 河宮信郎訳 ◎4600円

カタストロフ前夜 パリで3・11を経験すること
関口涼子著 ◎2400円

試練と希望 東日本大震災・被災地支援の二〇〇〇日
公益社団法人シャンティ国際ボランティア会編 ◎2500円

南三陸発! 志津川小学校避難所 59日間の物語 ～未来へのメッセージ～

志津川小学校避難所自治会記録保存プロジェクト実行委員会、志水宏吉・大阪大学未来共生プログラム編 ◎1200円

〈価格は本体価格です〉